消费者行为心理学

要想钓到鱼，就要像鱼儿那样思考！

牧之◎著

江西美术出版社
JIANGXI FINE ARTS PUBLISHING HOUSE

图书在版编目（CIP）数据

消费者行为心理学 / 牧之著 . -- 南昌：江西美术
出版社，2017.5
ISBN 978-7-5480-4256-3

Ⅰ . ①消… Ⅱ . ①牧… Ⅲ . ①消费心理学 - 通俗读物
②消费者行为论 - 通俗读物 Ⅳ . ① F713.55-49

中国版本图书馆 CIP 数据核字（2017）第 033907 号

出 品 人：汤　华
企　　划：江西美术出版社北京分社（北京江美长风文化传播有限公司）
策　　划：北京兴盛乐书刊发行有限责任公司
责任编辑：王国栋　楚天顺　陈　东　陈漫兮
版式设计：刘　艳
责任印制：谭　勋

消费者行为心理学

作　　者：牧　之

出　　版：江西美术出版社
社　　址：南昌市子安路 66 号江美大厦
网　　址：http://www.jxfinearts.com
电子信箱：jxms@jxfinearts.com
电　　话：010-82293750　　0791-86566124
邮　　编：330025
经　　销：全国新华书店
印　　刷：保定市西城胶印有限公司
版　　次：2017 年 5 月第 1 版
印　　次：2017 年 5 月第 1 次印刷
开　　本：880mm×1280mm　1/32
印　　张：7
I S B N：978-7-5480-4256-3
定　　价：26.80 元

"我总是站在消费者的角度看待即将推出的产品或服务，因为我就是消费者。我就像一个厨师，喜欢品尝食物。如果不好吃，我就不要它。"

——嘉信理财董事会主席查尔斯·斯瓦布

我们都是消费者，我们对自己的消费可能并没有给予极大的关注，甚至放任自己在消费上的不良习惯，可悲的是，很多营销活动也在有意无意地鼓励或利用我们的缺陷。香港心理学家顾修全博士说得好："成功的销售从心理开始。"高明的营销者正是利用心理战术将我们的钱引向他们的口袋。

心理学在销售过程中是处于基础地位的。现代销售中宣传的一些理念，如"一切为顾客着想""顾客是上帝"等，就是强调了考虑消费者心理因素的重要性。比如，同一商品，不同品牌，价格和质量都相差无几，我们为何会选择买这个，而不买那个？

掌握消费者的心理，比价格、特色等其他条件在销售上更有决定性，这是因为一切购买行为都取决于人们的消费心理导向。营销者与消费者打交道的过程，就是了解消费者行为与心理规律的过程。在购买商品过程中，我们必然伴随着复杂的心理过程，并影响和制约着购买行为的发生和进行。例如，通过对某个商品的感觉、知觉、思考、情感、意志等心理活动，我们可能会激发购买欲，采取购买行为，也可能会对其心生厌恶而拒绝购买等。

另外，因个人需要、动机、能力、气质和性格的不同，我们也会表现出不同的心理特征。这些个性心理特征使我们的购买行为显现出较大的差异性。例如，有的消费者认识商品比较全面，有的则比较片面；有的消费者情感体验比较深刻，有的则比较肤浅；有的消费者在采取购买行动上比较果断，有的则比较犹豫。如果销售人员做到能够根据不同类型消费者的个性心理特征及其发展变化规律来判断其购买行为，从而有针对性地采取有效的销售策略和方法，满足不同消费者的心理需要，那么销售业绩一定会非常成功。

本书以心理学为依据，深入浅出地阐述了影响我们心理和消费行为的各个方面,识穿营销者的各种伎俩，同时也让大家都了解到消费这一麻烦而又乐趣无穷的过程，营销者也能从中得到新的营销方式的启发。

如果你是一名营销者，请记住：好产品不只卖到消费者手里，更要让消费者记在心上；成功的销售不只让消费者口服，更要让其心服。愿本书为你提供帮助，帮你成为最出色的销售精英！

第一章　市场舞台上的演员——我们都是消费者

第二章　我买，故我在——消费者的需要与购买动机

第三章　和产品"来电"的阀门——消费者的感知体验

第四章　买买买！被激发的占有欲——消费者的决策依据

第五章 **70% 的消费与商品本身无关——消费者的人性弱点**

第六章 **营销员为什么拍巴掌、喊口号——消费者的购买情境**

第七章 购买是一场新的开始——消费者忠诚的秘密

第八章 没有人能真正拒绝消费——消费者行为心理效应

第一章

市场舞台上的演员——我们都是消费者

人人都是消费者。消费者可以有多种形式：从请求妈妈买巧克力蛋糕的小孩，到为数百万元的电脑系统做购买决策的企业管理者。我们消费的商品也包括从早餐奶、新闻、游戏角色到明星霍建华等一切事物。本书关注的就是我们如何购买和使用产品与服务以及我们生活的方式，这对理解我们如何与营销体系相互作用是必不可少的。

常见的购物心理大盘点

消费是人们生存的必需，然而，就人的购买行为来说却不是一成不变的，购买决策的有效性会随着我们消费心理的变化而发生变化。

我们在成交过程中会产生一系列复杂、微妙的心理活动，包括对商品成交的数量、价格等问题的一些想法及如何与商家成交、如何付款、订立什么样的支付条件等。我们的消费心理对成交的数量甚至交易的成败，都有至关重要的影响。

20世纪40年代美巨的8大财团中，摩根财团是名列前茅的"金融大家族"。可老摩根从欧洲漂泊到美国时，却穷得只有一条裤子。后来夫妻俩好不容易才开了一家小杂货店。当顾客买鸡蛋时，老摩根由于手指粗大，就让她老婆用纤细的小手去抓蛋，鸡蛋被纤细的小手一衬托后就显得大些，摩根杂货店的鸡蛋生意也因此兴旺起来。

老摩根针对购买者追求价廉的购买动机，利用人的视觉误差，巧妙地满足了顾客的心理需求。其后代子继父业，也深谙经营之道，终于逐步发家，成为富甲天下的"金融大家族"。

归纳起来，我们的消费心理主要有以下8种：

1.追求舒适、省力的心理

作为人来说，大部分生活自然是围绕着身体的需要展开的。我们需要吃穿住行这些基本必需品，在满足这些需要的基础上继续追求其他渴望的东西。这种迫切需求是人们的基本特性，我们所有人生存必需品都是适于销售的，像日常生活中不可或缺的食用油、饮料、成品食品，住房、家具、汽车等等。

2.求美的心理

美的东西撞击到我们的神经和情感，会使我们产生强烈的满足和快乐。环顾四周，我们能发现，艺术趋向和审美观念在市场买卖活动中占有重要的地位，人们追求美的动机正强烈地影响着众多商品的设计和包装。在同等质量的前提下，我们总是青睐设计得更加美观的产品，以达到经济适用和精神享受的双重目的。

3.效仿和炫耀的心理

每个人的童年都有过模拟模仿的行为，而这些纯粹的模仿心理也同样存在于成年人的购物活动中。从心理学角度加以分析，许多人所以要效仿他人去购买某种商品，是因为他们认为这样做可以表明他们比那些凡人要高出一筹。从这种意义上说，这种购物心理与追求卓越不凡和自我感觉是大致相同的。因为在那些人心目中他所模仿的人在某一方面都是卓有成就的。

4.获取的心理

人的获取欲望或占有欲望通常表现在许多方面。绝大部分人都喜欢拥有东西。更有不少人爱搜集东西，个别人甚至还爱贮藏东西。我们不得不承认，人似乎都有一种占有欲，都想把存在的东西称作"自己的"。

5."交际欲"心理

人们在决定购买某些商品或寻求某些服务，如化妆品、服装、发型或电影票，真正起作用的往往是异性，而不是他们表面所讲的理由。这一点年轻人都非常清楚。在被调查的一些年轻小姐当中，绝大多数人会购买高级化妆品和新潮流时装来打扮自己，是为了在恋人那里表现自己的娇媚动人。

6.好奇心和新鲜心理

现实生活中，人们都喜欢到处活动、旅游、观看新景致和追求生活中的新刺激，这种欲望年轻人比老年人更强烈。很多电子产品的升级就是这样来的，年轻人当中普遍存在着这样的心理：凡是新的，就

走在键盘上的红色购物车

要试试，他们追求新奇感、新刺激的欲望比任何人都要强烈。

7.寻求正义感、责任感，体现爱的心理

正义感、责任感、对他人的爱，这些都是人们后天培养的一种购物心理，但我们也同样不应加以忽视。作为现代人来说，他们都希望自己能在事业上有所成就，伴随着这种希望的是他们的责任感和贡献感，这足以使他们感到由衷的自豪和满足。

8.恐惧和谨慎的心理

谨慎和渴望安全的心理实际是由恐惧心理派生而来的。人们进行银行储蓄，参加各种社会保险，无非是都想使自己的生活安定，或在困难时得到安全。另外，我们在住宅上锁、安装防盗系统，都是人们意识到由于缺少这些东西而可能造成的严重后果，所以宁愿在这方面"破财免灾"。

以上详细介绍了八种常见的购物心理，这些购物心理之间是彼此交错的。比如，购买化妆品既可能出于求美的心理，也可能是出于"交际欲"心理，更有可能是出于恐惧和谨慎的心理。

生活方式对消费者心理产生的影响

人们的生活方式并不是一成不变的。它受文化、人口统计特征、价值观等诸多因素的影响，而这些因素自身也在变化。即使在5年前，你也难以想象手机等智能电子产品会在我们的生活中占据如此大的比重。

如今，消费者和产品都在电子化，这是我们从未经历过的。信

息的快速传递正在改变新趋势的流变速度和发展方向——尤其是虚拟世界让消费者加入到新产品的创造和传播中来。

除此以外，我们消费者生活方式的变化还表现在以下三方面。

1.男性和女性的角色分工发生了变化

由于现今社会职业女性数量增加，以及离婚率上升导致的单亲家庭数量增加，使传统意义上的职业男性和家庭主妇这种角色分工发生了变化，而这种变化尤以男女在购物中的角色变化表现得最为明显。一项研究表明，目前有35％的男性包揽了家里所有的食物购买活动；有33％的男性购买家中全部的清洁用具和家庭用具。除购物外，更多的男性开始参与做饭、打扫房间、照顾小孩等以前由女性承担的工作。

2.生活更为隔绝，从另一方面来说，也更加开放

新生代人们有的因为经济原因无能力外出，有的则为了逃避诸如污染和拥挤等问题而躲在家中；而出生在新中国成立初期生育高峰的一代已开始变老，他们更加推崇家庭价值和追求内心平静，成为更为传统的待在家中的一代。人们生活更为隔绝的深层原因是随着信息技术的发展，大家有了更多在家工作、生活的机会，使得很多人不用外出就可以办公和购物。

全新的数字化世界让我们可以直接与住在附近的人或世界各地的人进行沟通，分享观点、讨论新手机、衣服、奶粉等。我们以网络为媒介，在虚拟空间里见面，这给了商家了大量的商业机会，也创造消费者喜欢的机会。

3.更加注重自我和个性

我们如何看待自己，如何评价自己的各种特征，往往会影响到我们的购买行为。如今，与"随大溜"相比，越来越多的人追求属于自己的"个性"。人们会根据自己喜欢做的事情、喜欢打发时间的方式，以及所选择的使用可支配收入的方式将自己归入到不同的群体之中。具有相似的教育背景，年纪相仿，在同一地区生活的人之间，消费选择的差异也经常很大！如今，毋庸置疑的是，每个人都在选择能阐明自己独特的生活方式的产品、服务和活动。

根据以上几点不难看出，人们的生活方式已经发生了根本性的转变。对于销售员来说，这一系列的转变，恰恰是一个个销售的契机。毕竟，人们的消费观念还是会随着生活方式的变化而变化。

消费习俗对消费者心理产生的影响

消费习俗对人们心理的影响主要表现在以下几方面。

1.消费习俗对人们心理的影响

随着社会的进步，人们的生活方式不断变化。新的生活方式进入人们的日常生活，但消费习俗依然对人们的心理产生影响，具体表现在：

（1）使消费心理具有相对稳定性。由于消费习俗具有稳定性的特点，人们长期受习俗的影响，自然会对符合消费习俗的商品产生偏爱，因而会经常购买这些商品，形成稳定的消费心理。比如临近端午节，人们就会购买粽子；临近中秋就会购买月饼；为祝贺春节更要购买大量的节日商品等。销售员可根据这些类似的要素，向目标人群进行销售。

（2）使消费行为具有普遍一致性。受消费习俗影响，某个区域内的大量人们会重复购买那些符合消费习俗的商品，从而导致在特定时间范围内消费行为的普遍一致性。

（3）制约消费心理与行为的变化。消费习俗几乎导致了人们消费行为的定制化，人们在日常消费活动中在很大程度上被习俗心理所取代。由于遵从消费习俗而导致的消费活动的习惯性和稳定性，将大大延缓人们心理及行为的变化速度，并使之难以改变。消费习俗的地方性，使很多人产生了一种对地方消费习惯的偏爱，并有一种自豪感，这种感觉强化了人们的一些心理活动。如广州人对本地饮食文化的喜爱，各民族人民对本民族服饰的偏好等。

2.消费习俗对购买行为的影响

由于消费习俗本身的特点，决定了它所引起的购买行为同一般情况下的购买行为又有所区别，主要表现为以下几个特征：

（1）由消费习俗所引起的购买行为具有普遍性。任何消费习俗的形成都必须有一定的接受者，由此决定，它能够在某种特定的情况下引起人们对某些商品的普遍需求。比如，在中国的传统节日春节里，人们要购买各种商品，肉类、蔬菜、水果、糕点、服装以及各种礼品。这一期间，人们的需求要比平时增加好几倍，几乎家家如此。这就是消费习俗的普遍性引起购买行为的普遍性。

（2）消费习俗不同于社会流行。这是因为消费习俗形成之后就固定下来，并周期性地出现。例如，每年端午节吃粽子，中秋节吃月饼等。所以，随着这些节日的周期性出现，人们也要周期性地购买。

对销售行业来说，也完全可以利用这种消费习俗进行销售。比如：春秋两季是周期性疾病高发期，夏天人们容易疲劳困乏，冬季人们抵抗能力下降容易伤风感冒等常规生活特征，有针对性地推进销售计划。销售员所销售的产品一旦对人们的这些困扰具备针对性的缓解作用，那么，成交的概率就会大大提高。

（3）由消费习俗所引起的购买行为具有无条件性。消费习俗是社会风尚或习惯，它不仅反映了人们的行动倾向，也反映了人们的心理活动与精神风貌。一种消费方式、消费习惯之所以能够继承相传并形成消费习俗，重要的原因是人们的从众心理。每个人都习惯于和别人去做同样的事，想同样的问题。因此，由消费习俗引起的购买行为几乎没有什么条件限制。销售员恰恰可以利用人们的这种心理，将一次性消费，逐步转化为消费习俗。虽然它引起的消费数量大、花费多，但人们又可以克服许多其他方面的困难，甚至减少其他方面的支出，来满足这方面的消费要求。这就是引导人们产生购买行为的无条件性。

商品本身对消费者心理产生的影响

1.质量

在购买商品尤其是大宗商品的过程中，人们最关心的永远是质量。

质量是企业的生命。世界著名企业之所以具有强大的生命力，很重要的一点，就在于它们始终围绕质量这一主题，以质量求生存，以质量求发展。

美国梅塔格公司的最高目的，是要使它的任何一台机器做到"运转十年无故障"。洗衣机已位于产品生命周期的后期了，它现在已经可以算作普通商品，跟小麦或炸土豆片一样。可是梅塔格公司却一心一意抓可靠性，赚回了整整15％的价格贴水，同时在竞争中跟像通用电气公司这样的强硬对手对阵，仍能保住最高的市场份额。

2.包装

有许多产品质量很好，但受粗劣的外包装所影响，卖不了好价钱，甚至根本推销不出去。

在国际贸易中，人们把包装称为"无声的推销员"，看来是恰如其分的。

商品包装总的作用是要做到牢固、适用、经济、美观。这就是

商场中的情侣

说，包装的用料和设计，既要起到美化商品、宣传商品的作用，又要适合商品的特性、适用不同的运输方式和气候条件变化的要求，还要注重经济合算。这样才能达到包装的目的，使它保护商品的安全和完好。

要搞好商品的包装，必须做到适应市场的销售习惯和消费水平。各种不同的商品，对包装的要求是不一样的。如对原料性商品，只要强调包装的稳固和便于装卸运输即可，对于直接投入零售市场的商品，则要求既能美化商品和体现商品的特性，又要适于销售和消费者的使用和携带。在包装设计上，还要注意不同市场的风俗，在图案和色彩上，以至文字说明上，都要恰当。

不同类型购买行为的心理分析

研究消费者购买行为时，一般需要从不同角度做出相应的分类，但较为普遍的分类方法是以消费者购买态度为基本标准的，因为消费者购买态度是影响消费者购买行为的主要因素。在这种意义上，以消费者对所需商品的购买方式为标准来划分，消费者购买行为分为理智型、冲动型、习惯型、选价型、情感型和不定型等几种。

1.理智型

这是指以理智为主要因素做出商品购买决策的购买行为。在这类购买行为方面，消费者的购货思维方式比较冷静，但主观性也较强。这类商品需求在转化为现实之前，消费者通常要做广泛的信息收集和比较，充分了解所需商品的相关知识。在购买过程中，持有该类需求的消费者往往要慎重挑选、反复权衡比较。因此，企业对于持有理智型购买欲望的人们，其营销策略的重心不应放在包装、广告等方面，因为它们的影响力对这类购买行为的作用相当有限。

2.冲动型

这是指容易受别人诱导和影响而迅速做出购买决策的购买行为。冲动型的消费者，通常是情感较为外向，随意性较强的人们。因此，对于冲动型购买者来说，最易受广告宣传、营销方式、商品特色、购买氛围、介绍服务等因素的影响和刺激，进而诱发出冲动性购买行为。这种需求的实现过程较短，人们购买时极少进行反复比较挑选。

3.习惯型

这是指按照消费者个人对品牌偏好的定向购买行为。这类购买行为较少受广告宣传和时尚的影响，其需求的形成，多是由于长期使用某种特定品牌的商品而使消费者产生了信赖感，从而按习惯重复购买。所以，这种购买行为实际上是一种"认牌型"购买。

4.选价型

这是指对商品价格变化较为敏感的消费者购买行为。持有这类购买态度的消费者，往往以价格作为决定购买决策的首要标准。不过，选价型购买行为又有两种截然相反的表现形式，一种选高价行为，即消费者更为乐于选择购买高价优质的商品；另一种是选低价行为，即消费者更注重选择低价商品。

5.情感型

这是指容易受感情支配做出购买决策的行为。持有这类购买态度的人们，其情感体验较为深刻，想象力特别丰富，审美感觉灵敏，在情感型购买的实现过程中，较易受促销宣传和情感的诱导，对商品的选型、色彩及知名度都极为敏感，他们多以商品是否符合个人的情感需要来作为确定购买决策的标准。因此，这种购买行为同企业的营销业务水平有重要关系，是企业扩大市场范围的重要营销领域。

6.不定型

这是指消费者购买意向未定、随意性较大的购买行为。持有这种购买态度的人，通常缺乏购买经验和相关的商品知识，从而购买心理不太稳定。对于不定型消费者，企业的营销策略应当放在介绍商品的售后服务方面，以增进人们的购买决心。

不同年龄人群的消费特点

不同年龄层的人群都有各自的消费特点。如少年人群好奇心强，青年人群购买欲望强，中老年人群较为理智忠诚等。

1.少年人群消费心理特点

少年人群是指年龄在11~14岁的人们，少年人群具有以下消费心理特征：

（1）介于儿童与成年人之间，好奇心强。

（2）处于由不成熟向成熟转变阶段。

（3）喜欢和成年人相比。

（4）购买行为逐渐趋向稳定，开始显现出一定的购买倾向性。

（5）逐渐由受家庭影响转变为受社会影响，并乐于接受社会影响。

2.青年人群消费特点

（1）紧跟时代潮流

青年人群内心丰富，敏锐、富于幻想、勇于创新，敢于冲破旧的传统观念与世俗偏见，易于接受新鲜事物，追随时代潮流。他们的购买行为趋向求新求美，喜欢购买富有时代特色的商品，展现其现代化的生活方式，以博得他人的赞许和羡慕。因此，销售员需要尽力向他们介绍新商品，具备社会流行性的某一商品，都会引起他们极大的兴趣和购买欲望，购买动机也会随之形成。

（2）购买能力欲望强烈

青年人群有一定的经济来源和购买经验，加之没有较重的经济负担，所以购买商品的范围十分广泛。各种商品，不论高档、低档、一般、特殊，都是他们购买的对象。随着大众消费观念由保守型向开放型转变，青年人消费的时代感也愈加强烈，表现在追求衣、食、住、行、学各方面现代化的生活方式。因此，凡是能够满足他们这方面消费的商品，都能引起他们的兴趣、需求，促发其购买动机。

（3）消费时常缺乏理性

青年人的消费心理特征一方面表现出果断迅速、反应灵敏，另一方面也表现出感情冲动，草率从事。因此其购买动机具有明显的冲动性特点。首先讲究商品美观、新异，其次才注意质量、价格，而不能冷静地分析商品的各种利弊因素，许多人凭着对商品的感情与直觉判断商品的好坏、优劣，形成对商品的好恶倾向。因此，动机的随机性、波动性较大。

3.中老年人群的消费特点

（1）看重舒适与方便

中老年人视觉、听觉、味觉、嗅觉、触觉等能力较年轻时明显下降，反应迟缓，记忆力减退，睡眠减少，对冷暖等外界刺激较为敏感，容易疲劳、厌倦等，这使他们对消费品的需求，从范围广泛、品种繁多逐渐集中到他们最需要、最感兴趣的商品上。而这些商品主要是能够弥补老人身体方面的某些缺陷与不足，有助于老人身体健康，给老人的生活带来更多的方便与舒适的各种商品。如有营养、易消化的食品，各种滋补品，家用治疗保健器械以及各种消遣性的商品。购买动机形成与否常取决于这些商品给他们带来的方便与舒适的程度。

（2）较为理智与忠诚

中老年人在选购商品时，他们喜欢凭过去的经验评价商品的优劣，并对老牌子的商品、名牌商品有深刻的记忆，多年养成的消费习惯，使购买动机有较强的理智性与稳定性，不易受外界因素的干扰，也不为商品的某一特性所动。而是全面评价、综合分析商品的各种利弊因素，再做出购买决策。动机一旦形成，不轻易改变，或迟或早总会导致购买行动。

（3）财力雄厚，但有时难以说服

现在的中老年人大多数是退休之后又重新工作，这使他们的经济收入大为提高。另外，中国人有储蓄的习惯，到退休时已积蓄了一笔钱财，所以经济上并不拮据。这使他们有能力购买任何有利于他们的商品。

但是，由于大多数中老年人一方面习惯了节俭的生活，另一方面也必须保持部分积蓄以备不时之需，所以，有时消费欲望并不十分强烈。同时，由于中老年人见多识广，不会因为一时的冲动而做出购买决定，所以较难说服。遇到这样的老年人，销售员必须要清楚，他们的年龄不是影响购买的主要因素，能否满足需求才是根本的原因。

不同性格人群的消费特点

1.忠厚老实型人群

这类人对待每件事都很认真谨慎，他们不会轻易决定一件事是该做，还是不该做。对于销售员他们都有一种本能的防御心理，对于交易也是如此。所以这类人一般都比较犹豫不决，没有主见，不知是否该买。同样，这类人也不会断然加以拒绝。

这类人考虑的因素比较多，一般来说销售员很难取得他们的信任，但只要你能够诚恳的对待，他们一旦对你产生了信任，就会把一切都交给你。他们特别忠厚，你对他怎样，他也会对你怎样，甚至会超过你为他们所做的。

这类人通常情况下很少说话，当你向他们询问问题时，他们只是"嗯""啊"几句应付你。平时听你说话，他们只是点头，总觉得别人说的都对似的，他们一般不会开口拒绝别人。

销售员可以抓住这类人不会开口拒绝的性格特点促使他购买，只要一次购买对他有利或者觉得你没骗他，他就会一直买你的商品，因为他对你信任了。反之，如果他认为你这次欺骗了他，以后即使你有十分好的商品他也不会理睬你，因为他认为你不值得信赖，不值得为你这种人承担一丝一毫的风险。

这类人还有一种通病，就是有时太腼腆了，所以对他们说话要亲切，尽量消除他的害羞心理，这样，他才能静下心来听你讲解，交易也才能更顺利。有过第一次成功圆满的交易后，这类人对于再一次的销售，只要销售员说上几句话，十有八九交易就又成功了，他们绝不会寻找理由拒绝你。

这类人，大多时候提出理由或是反对意见都会有些犹豫不决，他们会担心说出来伤害到销售员的自尊心。因此，销售员在处理他们不愿购买的理由时，一般是等到他询问之后再有针对性地予以解决。

因此，对这类人要尽量亲切一些，不要欺骗他们，这样在保持信誉的同时，也增加了销售员的直接收益。

2.自命不凡型人群

这类人都喜欢夸夸其谈，甚至喜欢吹牛，自己认为什么都懂，别人还没说出自己的观点，他就会打断人家说："我知道。"这种人一般都非常令人讨厌，但销售员万万不能表露出自己的真实感受，因为对于销售员来说，销售商品、发展同盟才是最终目的。

这些人常常是在炫耀自己，对着销售员总是这样说："你们这些业务，我都清楚。""我以前见过你们这些销售员，他们一个个都从我这儿逃走了，谁也别想赚我的钱。"好一阵炫耀，让人听了有些反感。

不过，这些人有一个最大的优点，那就是毫不遮掩，心里有什么就说什么，你如果想探询什么消息，就可以找这些人，他们一定会炫耀似的说给你听，并且知无不言，言无不尽。但你千万别告诉他什么内部消息，否则这些内部消息很快就会人尽皆知。对于这类人即使不能顺利达成交易，也千万别得罪他，也许将来探询消息时你还需要他的帮助。

这类人时常想在别人面前炫耀自己，表现自己比别人特殊，比别人知道得多。他们难免由于自己的过分夸张而下不了台，这时，如果你能给他一个台阶，他们会感激你的，这对于以后你的工作大有益处。

由于这类人比较善于表现自己，销售员在与他们交谈时，必须尽量显示出自己的专业知识，使他们对你产生敬佩。这样他就会对你产生信任感，并且交易成功率也很大。

还有一种方法，就是根据他这种自夸的心理，抓住他说的话，然后攻击他，使他进入你所设的陷阱中，他为了顾全面子，会硬着头皮与你成交的。当他说对你们公司的业务很熟悉，或者他打断了你的销售介绍说明，并且说这些他什么都知道，也不屑看你带来的商品样品时，你可以这样对他说：

"先生，对于我们的商品，我就不说什么啦，您都知道了嘛！对于它的优点您就更熟悉了，而我们的业务您也是再熟悉不过了，看在这么优秀的商品与服务质量的面上，您打算选取哪个品种？准备购买多少呢？"

这样一说，由于前面的话是他说的，他不能否定，所以他为了顾全面子，就必须考虑与你成交，否则就会使他感到尴尬。甚至他连一个理由都不能说，否则他就是一个出尔反尔的小人，而他最不愿意的，就是做一个小人，甚至自以为是地认为自己非常"君子"。

对于这种人还有一种特别的销售方法，大致是这样的：你表现出对和他成交与否漠不关心的样子，并且不时地对他说："先生，咱们的成交与否，我倒不是十分在意，只是想和您交个朋友。况且，我们公司是一个很专业的公司，对于所服务的人群与商品都是有一定条件的，您不想买，大概就不符合我们公司的条件，所以成不成交无所谓，但是我们相识一场，交个朋友还是应该的。"边说边装出一副不在乎的样子。这样一来，伤了他的自尊心，于是他为了显示自己的特殊，为了显示自己符合这些条件，他会立刻抓住你与他想成个朋友的机会，要你把商品卖给他。

见到这种人，不要一听他说他对你的业务都很熟悉，你就胆怯，就不向他说你的专业知识，其实他们只不过是挖空心思在你面前炫耀罢了。他们都是纸老虎，你若怕他们，他们就更凶，就会看不起你，就不可能与你成交了。即使与你成交，他们也觉得那是他们对你的施舍。

3.夸耀财富型人群

这类人与上一类型类似，重点并不是夸大自己的知识面广，只不过他炫耀的是自己的财富。这类人有两种类型，一种是真正拥有一定的财富；另一种则不是，他们只不过崇拜金钱而已。

第一类人有钱，但不希望别人奉承他们，他们的主要方向是有一个品质好、包装好的名牌商品。所以对这类人要诚恳地把自己商品的优点告诉他们，并且对他们的财富怀着一种满不在乎的神情。这样人会对你这种神情产生好奇，然后在他对你好奇的基础上，加快自己推销的步伐，他与你的交易成功率就增大了。

对于第二类人，你就必须对他们进行奉承，恭维他们，使他们知道你非常羡慕人有钱，满足他们的虚荣心。最后为了给他一个台阶下，使他能买你的商品，你就必须再做一些处理说明。你可以这样说："您就先交定金吧！余款以后交，我相信您的付款能力和个人信誉。"这样他会很感激你的。

交易成功后，别忘了说一声："还要请您以后多多关照。"这类人，不可揭露他们的虚伪面具，这样会伤他们的自尊心，使交易产生困难。

4.精明严肃型人群

这种人都比较精明，并且拥有一定的知识，文化素质比较高，能够比较冷静地思考，沉着地观察销售员。他们能从销售员的言行举止中发现端倪和问题，他们就像一个有才能的观众在看戏一样，演员稍有一丝错误都逃不过他们的眼睛，这种人总给销售员一种压迫感。

这种人讨厌虚伪和造作，他们希望有人能够了解他们，这就是销售员应利用的工具。他们大都很冷漠、严肃，虽然与销售员见面后也寒暄、打招呼，但看起来都冷冰冰的，没有一丝热情。

他们对销售员持有一种怀疑的态度。当销售员进行商品介绍说明时，他们看起来好像心不在焉，其实他们在认真地听、认真地观察销售员的举动，在推测这些说明的可信度。同时他们在思考销售员是否是真诚、热心，有没有对他说谎，这个销售员值不值得信任。

这些人对自己的判断都比较自信，他们一旦确定销售员的可信度后，也就确定了交易的成败。也就是说，销售给这些人的不是商品而是销售员自己。如果人们认为你对他真诚，他们可以与你交朋友，他们会把整个心都给你，这交易也就成功了。但如果他们确认你有些造作，他们就会看不起你，会立即打断你，并且下逐客令把你赶走，没有丝毫的商量余地。这类人大都判断正确，即使有的销售员有些胆怯，但很诚恳、热心，他们也会与你成交的。

对付这类人有两种方法：一是脚踏实地，对其真诚、热心，不但商品品质好，你本身的表现也应不卑不亢、温文尔雅，使之无话可说，对你产生信任。二是在某一方面与之产生共鸣，使他佩服你，成为知己朋友，因为他们对于朋友都是很慷慨的。具体操作方法就是与他们多交谈，特别是多谈一些他们所喜好的事物。这些都是在洽谈前要经过调查的，这样他们会认为你与他们有共同话题，他们就会把你当作知心朋友对待，那交易自然也就成功了。这种方法还应当让他们尽量了解你的一些情况，并且告诉他们一些你的隐私，把他们当作朋友看待，这样，他们也会把你当朋友的。

另外，对于这类人有时也可用严肃的神情与之对阵，但要保持礼貌以及分寸，并且大方一点，对于他所要求的，给予热心的支持。这样他就会认为你比较能干，有才能，会对你产生信赖，这样交易也就成功了。

5.孩子脾气型人群

这类人像孩子似的，很怕见陌生人，特别是怕见销售员，怕别人让他回答一些问题，他回答不上来会有些尴尬。这类人有时还有点神经质，见到陌生人心里就会感到不安。

这类人也有小孩子的好动心理，不过这是由于怕别人问他问题所产生的一种坐立不安的现象。当销售员介绍说明时，他们喜欢东张西望，或者做一些别的事来掩饰自己，他们会随手把玩身边的东西，或者用低头写东西来躲避销售员的目光，因为他们很怕别人专注地打量他，这样他就会显得不知所措。

不过，这类人一旦与你熟悉以后，胆子就会增大，就会把你当作朋友看待，有时还会对你产生依赖，信任也就随之产生了。所以这类人是极易被说服的，因为他很希望能够快点结束这种尴尬的局面。

对付这类人的方法，就是第一次先与他聊天，和他做到基本的认识，到第二次他便自然多了，会把你当作朋友看待，因此你的销售就会顺利许多，交易也极易成功。

对这类人，首先要给他一个好的第一印象，他虽然有些神经质，但对你没有本能上的抵触心理。然后再与他交谈，要细心地观察他，不时称赞他一些实在的优点，照顾他的面子，不要说他的缺点，他会对你更信任，这样双方就能建立起友谊并成为朋友。关于交朋友，销售员要主动一些，因为人们是不会先提出的。在交谈中，你可以坦率地把自己的情况、私事都告诉他，让他多多了解你，这样也可使他放松一些，使他和你更接近，这时他就可能谈自己的事情了，但你千万别问，否则他就会显得尴尬。更不要在谈自己之前谈他的事，这样他会神经质，且不会告诉你。

经过交谈后，交个朋友，再洽谈交易，这时，十有八九要成功了。

6.沉默寡言型人群

这类人都不爱说话，但颇有心计，做事非常细心，并且对自己的事都有主见，不为他人的语言所左右，特别是涉及他的利益的时候更是如此。

他们表面看起来都很冷漠，有一种对一切都不在乎的神情，使人难以与之接近。其实他们的内心都是火热的，你只要能点燃他们内心那把火，他们会把一切都交给你。

这类人看起来有一种让人感到冷漠的感觉，他们对于销售员不在乎，对于推销的商品也不重视，甚至销售员在进行商品介绍说明时，他也不说一句话，没有什么表情变化，冷淡淡的，其实他们在用心听，在仔细考虑，只不过不表现在脸上和话语中，而是在他的脑子里。

他们往往不提问题则罢，一提就会提出一个很实在，并且很令人头痛的问题。这时销售员不能蒙混过关，因为想要骗他们是绝对不可能的。如果你解决不了他们的问题，他们就会立刻停止与你的谈话，因为他们本身就惜话如金。所以销售员要小心地为他们解决问题，要抓住问题的关键所在。只要解答了他们的问题，他们就会立即要求购买商品，使交易成功。

对付这类人，千万别运用那些施压、紧逼追问等销售方法，这样对他们一点用也没有，只会令他们生气，令他们对你产生厌恶心理。也不要盲目地夸耀你的商品，因为他们不会听你的，说了也白说，反而令他们讨厌，他们会自己看商品样品，你只要做一些介绍说明，再解决一些他们提的问题，这交易就成功了。

对这类人，首先在进营销售商品说明时，要小心谨慎，说得全面一点，绝不可大意，要表现出你的诚恳，好像是你在问他问题。介绍完之后，他会进行一段思考，这时你要闭嘴，等他抬起头之后，会问你一些问题，这时你再回答。你顺便说些商品的优点，使他对商品产生更大的兴趣，这样达成交易的可能性就大了。

这类人也极易与人交朋友，只要你对他诚恳、真心，他也会用同样的态度来对待你，建立起友谊是没有多大问题的。

7.外向干练型人群

这类人办事干练、细心，而且性格开朗，只要与他多交谈一会儿，他就会和你更加亲近。这种人相对来说容易成交。

这种类型的人做事都给自己留一条后路，并且说话干脆，人们对他易产生一种信任感。他们做事前就已经想好了怎么做，准备好问什么，回答什么。所以他与销售员交谈就有了目的性，这样对于交易也就顺利多了。

他们会很坦率地把自己不购买的理由和对商品的相反意见说出来，这对于销售员是有利的。他们对销售员有一种微弱的抗拒心理，一见销售员就马上说："我不想买，只是看一看。"其实销售员大可不必理会他，只要商品使他满意，连他都会忘记自己说过这样的话。仔细揣摩，他说这样的话本身就是一种暗示，暗示自己看一看，如果看着好他会考虑购买的。

对付这类人只要以热心诚恳的亲切态度，并且多与他交谈，多与他亲近，就会消除双方的隔阂，合作交易也就做成了。

8.对新事物有特殊兴趣的人群

这类人对任何新事物都有一种不可抗拒的求知欲，对于推销的商品他也会带着极大的兴趣去了解它的性能、优点及与之有关的一切情报。

他们态度认真、大方、有礼貌，就商品所提的问题的情形，就如同一个不懂事的孩子在向一位知识渊博的老人请教。这样的人常使销售员无法拒绝回答他所提的问题。他们表现相当积极主动，就好比销售员与他扮演互换的角色。

这类人比较单纯，阅历少，只要对他真诚、热情、主动，商品本身符合他们的购买需要，他就会高兴地买下来。如果你再以优惠价格给他，他就会愉快地付款购买了。

9.拘泥热心型人群

这类人对任何人都很有礼貌，对任何人都很热心，对任何人都没有偏见，也不存在怀疑的问题。他们对销售员的话总是洗耳恭听，从不插嘴，他们比较拘泥于礼貌形式，拘泥于各种形式，有时看起来有点痴，但对待这种人，绝不能伤害他们的自尊心。

这类人对于别人的夸夸其谈或真才实学都比较羡慕，从来也不知道欺骗别人，对于别人的欺骗也不计较，总以为别人欺骗他是不得已的。

但这类人对于强硬态度，或逼迫态度则比较反感，在这方面持有一种逆反心理，你逼他向东，他偏向西，反正与这些强硬态度的人作对。

他们也不喜欢别人拍马屁奉承他们。他们对于那些彬彬有礼的知识分子特别看重，他敬佩这些人，羡慕他们，并模仿他们。他们对于勤劳的、诚恳的人也特别尊敬。

对于这类人，抓住他们的心理就容易了。他们是一批不可多得的人。他们总会对销售员说一句："你真了不起。"不要以为他们只是在奉承你，其实他们是真心的，他们佩服有才学的人，佩服勤劳自立的人。

销售员对这类人不需要费尽心思地去讨他们喜欢，只要表现出自己的热情、真诚就可以把他们吸引住，要诚心以待，对于他们要彬彬有礼，并对自己的商品充满自信，还要详细说明商品的优点，这样他们就不会说什么了。

10.狡诈多疑型人群

这类人心理态度是比较多疑的，可能是因为他被人欺骗过。他们对任何事都抱怀疑态度，不仅仅对销售员怀疑，对商品本身以及销售员所说的话都怀疑，并且总认为别人在耍计谋，在利用他，欺骗他。

这种人在家庭中、工作中活得比较忧郁，较多烦恼，并且也令别人讨厌，使别人不愿与他相处，他很少有朋友。所以他时常是一副很痛苦的面孔，一见销售员就会把他所受的一切烦恼推给销售员。

对付这类人关键就在于消除他的多疑，以亲切、热诚的态度对他进行推销说明，不要与他争辩，只以沉着的态度与他交谈，尽量做出与他交朋友的姿态，并且要仔细观察他，研究他的心理变化，要随着他的心理变化而改变对他的说话策略，这样成交率才可能大一些。

这类人也可能会设计对付你，所以对他们要谨慎小心，不要落入他的网中。

对付这类人的方法有两种：一是对他施以强硬态度；二是诱饵法。第一种方法就是要对他施加些压力，如果你过于迁就迎合他，一旦一言不合，他就会拂袖而去，所以还是施加一定压力，迫使他成交。第二种方法就是要装作什么也不懂，是比较柔和的人，借以松懈他的防备，然后反败为胜。

不同性别人群的消费特点

1.男性人群的消费特点

（1）比较自信、决策迅速

男性善于控制自己的情绪，处理问题时能够冷静地权衡各种利弊因素，从大局着想。具有较强的独立性和自尊心的特点，直接影响他们在购买过程中的心理活动。因此，动机形成果断迅速，并能立即导致购买行为，即使是处在比较复杂的情况下，也能够果断处理，迅速做出决策。

（2）动机不强，时常被动行事

就普遍意义讲，男性人群购买活动远远不如女性频繁，购买动机也不如女性强烈，比较被动。在多数情况下，购买动机的形成往往是由于外界因素的作用，如家里人的嘱咐，同事、朋友的委托，工作的需要等，动机的主动性、灵活性都比较差。

（3）理智多于感情

男性人群在购买活动中心境变化不如女性强烈，不喜欢联想、幻想，感情色彩比较淡薄。所以，当动机形成后，稳定性较好，购买行为也比较有规律。男性人群在购买某些商品上与女性的明显区别，就是决策过程不易受感情支配。如购买汽车，男性主要考虑商品的性能、质量、品牌、使用效果，转售价值和保修期限。如果上述条件符合他的要求，就会做出购买决策。而女性则喜欢从感情出发，对车子的外观式样、颜色严加挑剔，并以此形成自己对商品的好恶。

另外，男性人群认为男性的特征是粗犷有力，因此，销售员在面对男性人群时，要抓住他们对具有明显男性特征的商品感兴趣的心理，选择如烟、酒、个人装饰品等男性标志商品进行介绍，以便顺利打开局面，与他们成为朋友，为日后的商品介绍推广奠定基础。

（4）看重简单、实用

男性人群多注重商品的质量和实用性。在购买时多为理性购买，以满足自己的需要为标准，不太看重商品外观是否花哨，追求简单明快的风格，注重商品的使用效果及整体质量，不太关注商品细节。

（5）注重商品档次

男性人群多具有强烈的好胜心理，购物时十分注重商品的档次和品位，而不关心价值问题。由于男性人群本身所具有的攻击性和成就欲较强，所以在购物时喜欢选购高档气派的商品，而且不愿讨价还价，忌讳别人说自己小气或所购商品"不上档次"。根据男性人群普遍具有的这一心理特征，在向他们介绍商品时，销售员要特别强调商品的层次价值。

总而言之，男性人群多具备理智型购物心理。理智型购物心理，是指以较为清醒的理智指导购买行为的购物心理。具有这种购物心理的人大都是经过一番认真的思考之后，产生的对某种物品购买欲望和购买行动。

当然，也有为数不少的男性人群具有盲目型消费特征。盲目型购物心理，是一种没有明确购买目标而且盲从随意的购物心理状态。这种盲目型购物心理在个性属于冲动、好奇和模糊的人们中容易出现。从经济条件来说，那些生活较为富裕的人们也容易出现这种心理。

男性人群需求的盲目性是因有些人的消费需求，不是自己生活的实际需要形成的，而是受外界的影响造成的，因此这种人需求带有一定的盲目性。有这种消费心理的人们，多数是那些经济富裕，实际需求已经满足，而又好奇、冲动和讲究时尚的人。

2.女性人群的消费特点

（1）具有较强的主动性、灵活性

女性较多地进行购买活动的原因是多方面的。有的是迫于客观需要，如操持家务；有的则是为满足自己需要；有的则把商品作为一种乐趣或消遣等，所以购买动机具有较强的主动性和灵活性。动机的灵活性也时常体现在购买具体商品上，如原打算购买某种商品，但商店无货，这时男人们往往放弃购买，而女人们会寻找其他适合的替代品，完成购买。

（2）具有浓厚的感情色彩

女性心理特征之一是感情丰富、细腻，心境变化剧烈，富于幻想、联想，因此购买动机带有强烈的感情色彩。如看到某种商品能够使儿童聪明活泼，马上会联想到自己的孩子要是这样会多么可爱，从而引起积极的心理活动，产生喜欢、偏爱等感情，促发购买动机。

（3）购买动机易受外界因素影响，波动性较大

女性购买动机的起伏波动较大。这是因为女性心理活动易受各种外界因素的影响，如商品广告宣传、购买现场的状况、销售员的服务和其他消费者的意见等。例如，许多商店为了招揽人们，用醒目大字标明"减价商品""促销商品""出口转内销"等，这些往往对女性具有很强的吸引力。

第二章

我买，故我在——消费者的需要与购买动机

消费者的需要、购买动机及其对消费者购买行为的影响，是营销心理学研究的重要课题。各种各样的购买行为，都是由消费者的购买动机引起的，而消费者的购买动机却是以其需要为基础的。消费者个体行为的一般规律是：需要决定动机，动机支配行为，这是一个不间断的循环过程。

消费者需要的经典理论基础：马斯洛需求理论

心理学家马斯洛指出，人类的基本需要可以分为生理需要、安全需要、归属和爱的需要、自尊需要、自我实现的需要五种。这五种基本需要是每一个人都具有的，不同的是，不同的人需要满足的需要层次的顺序可能有所不同；基本需要的表现形式在不同的文化环境下，也有可能不同，甚至有可能完全相反。此外，需要注意的是，一个人并不是等到自己的一种需要完全满足以后才想起其他需要，他的不同基本需要往往只是得到部分的满足，然后就开始转移到其他需要。

1.最基本的生理的需要

生理需要是推动人们行动的最首要动力。食物、饮水、睡眠和氧气中的任何一种得不到满足，人类个人的生理机能就无法正常运转。换而言之，人类的生命就会因此受到威胁。因此，马斯洛认为，只有这些最基本的需要满足到维持生存所必需的程度后，其他的需要才能成为新的激励因素。

简单地说，假如一个人同时缺乏食物、安全、爱和尊重，那么通常对食物的需求是最强烈的，对其他需要则显得不那么重要。只

购物狂欢牛皮纸袋

有当人从生理需要的控制下解放出来时，才可能出现更高级的、社会化程度更高的需要。

2.安全需要

一个人如果生理需要得到了相对充分的满足，那么，他就会产生新的需要——安全需要，这具体包括安全、稳定、依赖、免受恐吓、焦躁与混乱的折磨，对体制、法律、秩序、界限的依赖等等。

有一种常见情况有助于我们了解到底什么是安全与稳定的需要，这就是对于日常事物的偏爱，偏爱熟悉的事物，而非不熟悉的事物；偏爱已知的事物，而非未知的事物；偏爱已有的行动规律与秩序，而非无规则的变化。人们内心的这种对安全与稳定的需要从而导致了对某些固定品牌的偏爱。

3.归属与爱的需要

生理需要和安全需要满足以后，归属和爱的需要便凸显了出来。在这个时候，个人会强烈地渴望与人们有一种感情深厚的关系——朋友，或爱人，渴望在团体和家庭中有自己的位置，渴望归属感，爱与被爱的感觉。

现代工业化社会引起的频繁流动，传统团体的瓦解，家庭的分崩离析不断增多，持续不断的都市化以及由此导致的乡村式亲密的消失，现代社会中肤浅的友谊都持续加剧了人们对于归属感的渴望。

4.自尊和受人尊重的需要

我们都知道，除了少许病态的人，社会上绝大多数人都渴望受到尊重，包括外界对自我的尊重和自己对自我的尊重。自己对自己的尊重即是自尊，自尊需要的满足是指由于实力、成就、适当、优势、用途等等自身内在因素而形成的个人面对世界时的自信、独立。外界对自己的尊重需要的满足，则是地位、声望、荣誉、威信等等外界较高评价的获得。

5.自我实现的需要

"自我实现"，也就是一个人使自己的潜力发挥的倾向，成为自己所能够成为的那种最独特的个体，使自己成为自己想成为的那种人。一个人在其他基本需要都得到满足以后，自我实现的需要便开始突出。这时候他会很乐意去工作，对他而言，这时候的工作不是生活所迫，不是为了金钱，也不是为了获取荣誉，而是一种兴趣。这时候他确确实实是以工作为乐，而不是以工作为负担。

自我实现需要的明显出现，通常要依赖于生理需要、安全需要、归属与爱的需要、尊重需要的满足。

马斯洛需求理论与消费者心理

1.每一需要只须相对满足即可

根据以上的见解，我们可能会得出如下印象：五种需要仿佛排成一个梯子，只有一种需要得到百分之百的满足，另一种需要才会出现，而实际上，我们现实社会中的绝大多数人在一般情况下，所有的基本需要仅仅是部分得到满足，部分却得不到满足。有心理学家曾以数字形式做了一个估计：普通人在生理需要上大约能满足80%，在安全需要上满足70%，在爱的需要上满足50%，在自尊的需要上满足40%，在自我实现的需要上则满足10%。

低级需要满足后，高级需要的出现并不是跳跃的、突然的，它实质上是缓慢地从无到有、逐步发生的，这就和一个人的习惯只有日积月累才能实现一样。

2.基本需要的固定程度

对于大多数人而言，需要层次会像我们所提到的那样，按生理需要、安全需要、爱的需要、尊重需要、自我实现的需要的顺序排列，但这并非是固定不变的，也有许多的例外情况：比如说每一个时代都会有一批殉道者，他们为了崇高的理想而奋不顾身、先人后己；有一些创造欲极强的人，天赋极高，即使吃不饱、穿不暖都会有创造性的冲动。创造性的冲动在他体内如果不找到渠道发泄出来，简直就要爆炸一样，人类历史上不乏这样的天才；也有些人把自尊看得比爱更重要——这是爱情小说里常常出现的镜头，某位男士的爱情一挫再挫，于是乎奋发图强，事业上的成功反而暂时成了第一位的需求；还有一些人，可能在他们身上永远也见不到诸如自尊、自我实现这类较高层次的需要，长期的贫苦生活已经永远地改变了他们的价值观。

3.人的五种需要是来自先天的本能还是文化的塑造

我们应该注意到：人的欲望和基本需要至少在某种可以察觉的程度上是先天的，是相似的、本能的。那些与此有关的行为和能力、认识或感情则不一定是先天的，而可能是经过学习或引导获得的，或者是表现性的。

我们经过思考，会发现人的动物性是存在的，我们应该对本能和文化都给予适当的尊重，而不要过于极端地鄙薄某一方。

4.几种需要的完美和谐

高级需要和低级需要并不是冲突的，它们在适当的条件下也可以并行不悖。举个例子说：要真理，也需要吃喝。

生活在高级需要的水平上，人可以实现更大的生物潜能和更满意的主观体验。在生理上，可以有更好的睡眠，更好的饮食，更少的疾病和更长的寿命；在心理上，可以拥有更加彻底的幸福感，内心可以更加丰富与充实。

高级需要并不像低级需要那样迫切要求满足。需要越高级，就越容易被长久地推迟，也更容易永远消失。现代社会中，多的是忙忙碌碌而不知所终的人，他们并不明白自己真正的需要是什么。因此，能够认清自己的本身需要，知道自己真正想要什么，这是一个重要的心理成就。

消费者购买动机理论

人们要买什么或是不买什么，理由是非常简单而直接的，但未必所有人都能意识到，自己为什么会做出喜欢这样或是不喜欢那样的选择。理解购买动机就是要理解消费者行为的原因。为何有人选择一个手机用到坏，有人则一出新品就更换？不管是衣食住行、打发时间还是获取某些深层次的精神体验，我们的任何消费都有一种理由，即使有时候我们说不出这个理由是什么。

动机是人们内在的心理状况，诸如意愿、欲望、需要、内驱力等等，在正常的情况之下，促使消费者产生能力或行动，引导其迈向需要的目标。

著名的动机专家马斯洛先生指出：消费者的任何行动通常均有

一个以上的动机，在相同的行动中，要区别不同的动机如何，通常须做深入的研究。例如，一个人选择一种特别长期的职业，可能有许多理由，其中包括收入的多少、地位的高低、工作的才能及人际关系的应付等等。

读者可能会觉得，在探讨消费与购买行为的动机时，他所需要的是一种消费动机的清单，因为那些动机可以决定购买行为。他需要了解的是人们购买某种方式的物品或服务，真正的理由何在？或者至少要了解当他决定要买何种物品时，他心中所想的是什么？对于这些问题我们的答复是：一般人能接受的动机清单并不存在，因为目前心理学家对于人类动机根本力量及表现的研究还欠充分，在市场方面了解得尤其稀少。

虽然如此，学者们仍然运用许多有效的方法，将动机加以分类，现举例说明其不同的种类：

1.生理的：包括"生理"上的需要，如饥、渴、性等等。

2.心理的：如心理上各种需要的满足，包括荣誉、威望、社会地位等等。

3.学习的：个人的行为及嗜好，依赖社会团体需要的规范，作为学习的指针，可从此规范中学习认识许多物品及嗜好。

4.本我的：人性中属于兽欲的部分，包含更基本的内驱力及天赋本能，完全由潜意识所控制。人群中有部分人是"反社会的"（即对社会有害的行为，如高声喧哗，公开敌对行为）需要在自我检查的方式，予以自律。

5.自我的（Ego）：在人性的结构中，这是属于理性的一面，为人格的核心，它管制"本我"引导人们的行为到有意义的途径上，并接受周围的环境，在饮食上、工作上、创造上，所表现的社会行为。

6.超我的（Super-ego）：在人格中具有监察的作用，是由父母、师长的教养、社会文化、社会道德、风俗习惯的熏陶等培育而成。完全由后天的经验所获得，它为个人的良知，保持正常"对的"或"错的"理想，尤其是超越法律规定或习惯限制之时，能发生管理自我，监察自我的作用。

依据弗洛伊德的看法，"本我的"及"超我的"动机，经常是冲突的，当"自我"动机失败时个人便意志消沉，变成某种形式的神经病。此外还有其他学者说明人格结构原理，但均没有像弗洛伊德说得那么透彻及被广泛地利用。

消费者对生命中价值的看法如何，通常成为建立某种动机的基础，他可能采用过某种价值制度（主要是受到家庭模型及其个人期望的影响），当个人受到此种价值制度的刺激时，便会提供一种内驱力作为其行动的指导，而情绪则为另一种动机的来源。情绪反映在下意识之中，当某种外来的刺激，对个人具有很大的重要性时，个人情绪立即发生反应，使其朝向或远离动机所想达成的目的，或者在其他更为复杂的行为方式上有所决定。

动机是由许多来源所产生，而且可根据许多方法加以说明。

尽管我们对人类动机产生一种单独而有意义的分类规则，付出不少代价，但截至目前为止，这种努力已经失败，不过，我们已经建立某些心理学及社会学上的刺激力，因为可由一些事实来证明该项力量的存在。而那些刺激力对于了解市场上的消费行为，似乎特别有用。有些专家坚持对许多的动机予以进一步的分析，而其他的专家，则综合那些动机成为更少的几种需要。心理学家们将透过动机的研究提供某种划时代的贡献，即更佳的刺激力变化，而那些刺激力都将影响消费者的购买决定。

7.社会认可：个人的需要，如果是遵从某一团体的规范，其标准与社会及文化的标准融洽一致时，其行为便为社会所认可。例如某种衣着式样能为社会所接受（西装旗袍之类），某种式样不能为社会接受（穿三点式泳装招摇过市），某种生活方式能为东方人所接受（使用筷子）、某种生活方式不能接受（用手抓食物），个人穿着的服装如在社会能接受的范围之内，自然不致引起他人的非议，否则将被斥为奇装异服，而遭受取缔。

8.地位：个人如能获得一种方法，在工作的过程中引起别人的注意，则他必可超越别人之上，成为一个团体的领袖，或在社会国家之中，获得相当的地位。

9.安全：保护个人的安全，防止物质上或心理上的伤害，避免身体感情遭受意外的创痛，提供金钱储蓄方法，以应付将来的需要及变化。

10.兴趣：寻找个人的快乐或享受，例如打球、爬山、游泳、集邮、种花、养鸟等以满足个人的爱好。

11.好奇：对周围的事物，抱一种怀疑的态度，提出问题，并寻求问题的答案。目前有若干事实，证明顾客有时对某种牌子产品的转变，纯是由于对其他牌子的好奇并且对购买旧牌子的商品感到厌倦。

12.自我了解：达成个人的满足，了解个人本身的知识及能力，选择能发展特长的工作慎重行事，从工作之中获得经验。

13.影响：团结同胞以爱心或影响，推己及人，造福社会。

以上所列举之各种不同动机，就消费者的购买行为而言，并不完全，尽管我们能对所有不同的动机予以清晰的区别，但要对每种产品或服务的购买清晰地归入单独的某种动机之内，也很困难。例如，一个人为了工具及地位需要的动机，购买了一块价值昂贵的欧米茄手表，一对夫妻为了社会的赞许及个人的兴趣（游泳、打高尔夫球）加入国家俱乐部，一个女学生为了个人兴趣、自我了解、社会赞许（她的朋友也已加入）而加入某种讨论会，等等。

上面已将动机的种类详细予以说明，当前最主要的问题是如何应用动机原理于市场之中，那是动机与行为发生关联的问题。不同的动机能导致相同的行为，相反，大部分单独的行为有时是由同一的动机所引起。比如一个妇女热切地期望成为家庭主妇，可能购买家具、碗盘，或者不同的物品，为家庭主妇的角色做准备，她可以用各种不同的方法，说明她的动机。另一方面，家具及碗盘之被购，除了可使她成为一个好妻子或母亲之外，还有其他的理由。又如一个有工作的妇女，因喜欢甜食所以购买盒饼，主要的仅仅由于便利，并无其他的动机存在。

在动机及购买行为之间没有简单一对一的关系，动机清单及物品品牌清单之中，无法将任何一项与另一项单独对应。

不过，有关的问题是人们通常都缺乏"合理选择"时所需要的信息。如果信息能及时提供，合理运用，则对人类动机的研究将了解得更多。

实际上，消费者的动机如何，不能由行为中直接来推断，而行为不能由动机之中用一种简单的方法予以预测。然而动机原理是否无法在市场上应用？并非如此。心理学家努力的目标是为在产品及多数的消费者之间建立一种购买情绪并设法使某种动机对于产品的联系较其他方法更为容易，或者对于引起购买行为较其他方法更具威力。

为什么买这个，而不买那个

消费者在购买商品时，事先在心理上都经过考虑，即使每天所需的简单必需品也不例外。为什么有人愿意买昂贵的名牌服装，而有人即使腰缠万贯也热衷"淘"便宜货？为什么有人明知自己不会看也要买套精装的《四库全书》……这些取决于人们的购买动机！日常生活中，我们究竟是出于一种什么样的心理而产生选购此类而非他类的动机呢？下面是对日常购物动机的一点分析：

1.对产品的动机

（1）情感的动机

骄傲或野心：此为最普通最强烈的购买动机，商品为满足个人之野心或骄傲而售出，如名牌手表、钻石、貂皮大衣售给有地位的名媛、夫人，名牌汽车、别墅售给成功人士，等等。

竞争或争胜：购买货品起码要向他人看齐，甚至要设法超过他人，才能满足内心的需要。

尝新的欲望：以尝新为光荣之事，要购买第一部出厂的汽车，穿着最新式的衣服，穿最新式的皮鞋，以吸引他人的注意。

舒适的欲望：在购买力所及的范围内，为求个人或家庭的舒适尽量在衣、食、住、行上讲究，购买最好、最舒适的商品。

娱乐的欲望：购买最新式的乐器、收音机、电视机、音响、

VCD、DVD、电脑等充分享受人生的乐趣。

感官的满足：吃山珍海味，看电影电视，为满足口腹欲望、味觉、视觉等购买。

种族的保存：如对求爱、取悦伴侣、结婚、照顾儿童，而购买美丽的服装、香水、饰物、银器、瓷器、新家具等等。

生命的延续：如购买防弹汽车、保险、滋补品等，以确保生命的安全，延长自己的寿命。

好奇或神秘：为满足好奇或神秘的欲望，此也为推动购买之一项要素。

占有意识：完全以占有为目的，是否对该项商品加以利用并不在乎，如购买别墅做房东，目的在占有此屋之所有权，专制时代之君王占有天下的美女，是否临幸，并不在乎，只在占有，即感满足。

特殊爱好：有时购买某种物品，全受特殊爱好影响，有人常说：我买这样东西因为我喜欢它。

（2）理智的动机

容易使用：如工具构造得精巧，易于使用、罐头便于开启、香烟易于拆封、电钻钻也容易等。

增加效率：使用此种工具或设备，如起重机、堆高机、打印机等等，可以增加工作效率。

使用可靠性：产品安全可靠，如购买自来水管，不漏水；购买花布、纸张，保证不褪色。

良好服务：如购买电冰箱、电视机、电脑发生故障时，厂家保证负责修理，直至货物用坏时为止。

耐久性：如购买某一厂牌汽车、钢琴，是因其耐久性能极佳，

购物中心的迪奥店

不易损坏。

便利：若干肉类、蔬菜及啤酒、罐头，其包装分量刚足一餐之用，打开后即可佐餐，拼凑起来非常方便，每人均有一份，又如肥皂、盐之购买也均合乎此一原则。

经济：即购买当时的价格也许不太低廉，但因其寿命长久、耐用，就长期摊算，仍很经济。

2.光顾的动机

指消费者何以在某一商店购买，而不在另一商店购买的动机，大约可分为：

（1）地点时间便利：如商店地点或营业时间，使消费者感到便利，有商店晚上九时关门，而有的商店到十二时才关门。

（2）品类齐全：货品种类齐全，衣、食、住、行、育、乐六大需要所需的各种货品，均可供顾客随意选择。

（3）品质优良：货品品质优良，如蔬菜、水果特别新鲜，工业品或饰品所含成色较高，或构造较精良，花纹较美观等。

（4）店员礼貌周到：售货员礼貌特别周到，引起顾客好感，无论顾客购买与否均能始终如一，恭迎恭送，所以能感动顾客，使其时常光顾。

（5）商誉良好：商店货真价实，公平交易，童叟无欺。

（6）提供信用及服务：如对顾客准予信用赊欠、分期付款、负责运送，并保证品质不佳时可予退货。

（7）价格适当：如商店以廉价或折扣相号召使消费者感觉划得来。

（8）炫耀特殊身份：如专在最贵的商店（如美国各大城市第五

街各商店、北京的各种名牌专卖店）购物，以便向同辈或邻居炫耀其地位或财富。

消费时尚的概念与特点

在人们的日常生活中，我们会发现一种重要的经济文化现象，即消费时尚。所谓消费时尚，是指在一定的时期内相当多的消费者或者某些群体中普遍流行的消费趣味、消费观念和行为模式。

时尚以流行为特点，也就是说，某种产品或某种消费活动在某个区域范围内成为大多数人使用或追求的对象，这种带有明显特征的消费方式逐渐演变成为一种风行一时的流行趋势，这种商品成为流行商品，色彩成为流行色，样式成为流行款式。

1.时尚与流行的关系

由于消费时尚是因为某种商品或消费方式具有新颖性和独特性而受到众多消费者的青睐和追捧，在短时期内广泛流行起来的，因此，消费时尚与流行是同一个事物不可分割的两个方面，正因为如此，也有人把这两个概念等同起来。但二者还是有区别的：时尚处在流行的高端和前沿，流行更倾向于大众化，而时尚更倾向于前卫和时髦。

2.时尚流行的特点

消费时尚的流行具有6个方面的特点，或称6个原则：

（1）循环原则。今天正在流行被视为时尚的事物，明天就可能过时，变得陈旧，而后天又可能"死灰复燃"再度成为时尚。克鲁伯在研究妇女时装变化规律时得出结论：时装的变迁以5~25年为一个循环周期。而且是做"极端运动"：即宽到极端又回到紧，紧到极端又回到宽。

（2）从众原则。由于流行的时尚总是由那些影视明星及引领潮流的公众人物发起的，作为消费者群体来说，他们常常是一般大众的参考群体甚至是渴望群体，所以时尚的追随者往往在无形中体验到一种殊荣和优越感。人们认为，凡是合乎时尚的就是好的和美的，反之，就是落伍的和不合时宜的。这就为众人对时尚的模仿和追求制造了一种无形的压力，迫使人们参与对时尚和潮流的追逐。

（3）求新原则。从某种意义上来说，时尚就是标新立异、追新猎奇的同义语，时尚的领导者为了表现自己独特的个性和领先众人的审美情趣，总是力求做得与众不同，求新就成为时尚的最重要元素，没有新颖性，时尚也就失去了存在的理由。

（4）价值原则。由于流行的制造者们大都具有较高的社会地位和声望，因此时尚总是表现出某种特定的珍贵性。所以人们习惯于认为，消费时尚中流行的商品就是高档、有价值的，流行的就是先锋、前卫的，值得推崇与羡慕。这与人们崇尚时尚的心理有关。所以，流行与时尚的产品在款式、造型、色彩等方面比较讲究的同时，一般都可以通过高价格获得超额利润。

（5）常态曲线原则。消费时尚的流行遵从统计学上的"常态曲线原则"，即是一个由上升、高峰和下降三个阶段组成的常态曲线展开的过程。就人数的变化而言，首先是极少数时尚的倡导者发动消费观念的变革，其次是少数追逐者开始推波助澜，最后，大多数人随着消费潮流的演变而转移，只有极少数保守的消费者熟视无睹。就时间过程而言，先是缓慢地兴起，逐渐积累能量，然后发展到顶峰；势头逐渐减弱，直到彻底消失。从消费者群体来讲，时尚在年轻人中比在老年人中更容易流行，在妇女中比在男性中更容易流行。

（6）样式差异化原则。时尚在广泛流行的过程中，会因为群体与地区的差异而最终导致样式的变异。消费时尚存在一种位势的差异，即流行总是从经济发达的地区向经济较落后的地区转移，在这个过程中逐渐形成流行样式的差异：一是品质和功能的差异，即在发达地区流行的质地优良、功能完善的产品，在落后地区则演变成外形类似、功能较少的产品；二是时间的差异，即先在发达地区流行并基本普及，再过渡到一般发达地区，最后才转移到落后地区；三是价格差异，即在发达地区，时尚产品发轫于高端市场，属于昂贵商品，而在较落后的地区则以低廉价格出现，仿冒产品流行。

买的不仅是品牌，更是面子

"买西服要路易·威登、Prada、Christian Dior，手表要GUCCI、劳力士，皮鞋要POLO……"我们或多或少都有这样的想法，穿大品牌的衣服能给自己带来更多的价值和自信，这就是我们通常说的，穿的不仅是品牌，更是面子。

购买商品时，品牌对我们具有强烈的购物导向。在购买绝大多数商品之前，我们已经在自己的心中认定了一个或者几个可能的品牌，可能以前使用过这些品牌的产品，也可能是通过亲戚朋友介绍，或许仅仅是在报纸上或者电视上看到过，但在购买时，这种潜在的影响力就会发挥其作用，甚至主导我们的购物倾向，这就是品牌效应。

这种效应其实不仅仅在购买服饰、鞋子等生活用品时会产生作用，在电子用品领域，其作用更是不容小觑。譬如，前些年用户要购买笔记本电脑或者PC，脑海里首先想到的就是IBM、HP等国际品牌，但最近几年，由于国内IT品牌的不断积累，很多品牌也日渐拥有了一批忠实的用户群，如PC领域的联想、方正等，移动存储领域的爱国者、朗科等，光存储领域的明基等等。但在数码相机这一部分，由于国内厂商真正意义上的介入要远远迟于国外的一些品牌，加之缺少对关键技术的掌握以及没有前期光学相机的铺垫，使在数码相机领域，国产品牌影响力远远不足。而这一点反映在销量上，就是目前国产品牌数码相机的整体市场占有率尚不足10%。相对于其他领域国产品牌占据国内市场大部分销量而言，仍有巨大的差距，但同样也表明国产品牌数码相机有着巨大的增长空间。

品牌价值包括品牌的外延和品牌的内涵，即产品的独特功能、被消费者认知的程度、产品所包含的价值和带给人们的利益构成的要素等。对于企业而言，塑造品牌的目的就是追求品牌所产生的效应，最终获得品牌效应所带来的回报。但对于消费者而言，追求品牌是基于对名牌企业的一种信任，这种信任恰恰是商品交易的基础。也因此名牌产品往往在价格上高于普通品牌，经销商也会很理直气壮地告知消费者："这是名牌产品，首先质量是毋庸置疑的，而且售后服务也是一流的，所以可谓物有所值。"也许，用户认可名牌的原因，正是因为对其品牌的信任，信任该品牌产品所具有的品质和企业能够提供的服务，这些应该说就是品牌的价值所在。

拿苹果公司的产品来说，很多消费者就认这个牌子，手机、平板电脑、智能手表都会锁定苹果公司的产品，这就是品牌价值。用户对品牌的期望不仅是提供质量可靠的产品，以及有保证的、长期的售后服务，最为重要的是企业提供的独特的使用享受，也是一种精神方面的满足和认同。

消费者选择品牌的原因中很重要的一点是品牌的价格，这是非常容易理解的问题。我们知道，一般来说，牌子货，就是"贵"的象征。使用贵的产品会显示出自己的身份、地位，会给自己带来面子。

64%的中国消费者认为奢侈品牌代表着成功，只有1%的人将奢侈品视为肤浅的代名词。新富阶层对品牌十分崇拜，愿意购买奢侈品牌。

我们并不奇怪为何这些品牌的奢侈品更能吸引眼球，原因在于它们更频繁地出现在电视或时尚杂志上，如劳力士（Rolex）、卡地亚（Cartier）、爱马仕（Hermes）、香奈尔（Chanel）、万宝龙（MontBlanc）、古奇（Gucci）……"名人用名牌"是许多宣传广告的目的，也的确刺激和引导了一大批追随者，模仿名人的衣着装扮，从而满足仰慕名人的心理需要。曾在社会上流行过的"光夫衫""车子衫"就是明星效应的结果。此外，消费中追求高品质、高品位也是导致名牌产品流行的一个重要原因。对美好事物的向往和追求是人类的天性，而名牌产品正是以其上乘的品质才被公认为名牌，我们购买名牌产品，不仅是仰慕其品质，更可以从中增强信心，获得周围人的欣赏和尊重，从而获得极大的心理满足感。

买东西，也许只为卖东西的人

哈佛大学著名心理学家威廉·詹姆士曾经说过："人类本质中最热切的需求，是渴望得到他人的尊重和肯定。"这是每个人都有的心理需求，不管是在生活中还是工作中，人们都希望受到重视，希望能够突现自身的地位和价值。因此，感觉到他人的重要性，往往会给对方以心理的满足，使他们产生愉悦感，这样彼此交流起来更加容易。

我们常说相互尊重是彼此之间进行交流合作的基础，那么提升别人的重要性，也是对人尊重的一种方式。在销售工作中，销售者让我们感到受尊重，感到自己很重要，就会赢得我们的青睐，很容易顺利卖出商品。

我们都喜欢和友善的人打交道。销售也是一种人际交往，建立起好的关系，就能增进彼此之间的感情，交易也随之产生。我们都有过这样的经验：当我们光临商店，看到销售员态度冷漠，不理不睬，肯定会生气地离开；如果我们稍微挑剔一点，销售员就厌烦，甚至争论或者发脾气，那我们不仅会离开，还会赌气以后再也不来买东西了。所以销售员与客户之间不仅是简单的买卖关系，更重要的是一种情感的交流。

松下幸之助是日本著名的企业家和成功人士。在他小的时候，由于家境贫寒，小松下9岁就外出打工了。他到了大阪，在一家自行车店当学徒。小松下勤奋、诚实，做事肯动脑筋，受到老板和大师傅们的喜爱。但是，由于他年纪小，只能干些杂活。而年少有志的小松下却一边打杂，一边留心学手艺。师傅们在干技术活的时候，他总是会留心地看，并记在心里，渐渐地学了不少的东西。

就这样，松下在自行车店里一连干了好几年。当时推销自行车是店里最重要的事情。松下也渴望着有一天自己能亲自去推销。于是每当老板或大师傅们向客户推销自行车的时候，他总是羡慕地站在一边，认真地看着、听着。

很快机会就来了。一天，一位富商派人到店里来，准备买一辆自行车，并且急着要看货，而此时其他大师傅都不在，老板只好让15岁的松下去试试。松下想到自己终于可以推销自行车了，于是十分兴奋，他吃力地背起一辆自行车满怀激情地向富商家走去。

见到买主后，松下竭尽所能地根据自己学到的东西，不厌其烦地介绍着自行车的性能和优点。虽然之前他觉得自己已经完全掌握，但是由于是第一次实践，所以他说起来还是很吃力，显得结结巴巴的。但是在整个推销的过程中小松下一直保持着充足的热情，态度十分真诚。

富商听完松下吃力的介绍后面带微笑地对他说："真是个热心可爱的好孩子。好吧，我决定买下了，不过要打九折。"讨价还价、商品打折是很常见的事情，于是松下想都没想就立刻答应了。

但是当松下欣喜地飞奔到店里向老板报告了"好消息"后，老板却很生气，他板着脸说："谁叫你以九折出售的？你再去买主家，告诉他只能减价5%。"松下遭受了当头一棒，心里充满了委屈。但是松下已经和买主许下承诺，如果再到买主那里讨价，实在难以启齿。于是他只好请求老板答应以九折出售。说着说着，他不禁泪水夺眶而出，后来放声大哭起来。这时老板也不知如何是好，毕竟松下还是个孩子。后来富商了解到情况后，被小松下的真诚深深地打动，不仅同意以减价5%购买自行车，还许诺只要小松下在店里一天，他就绝不会到别的店里买自行车。

富商之所以做出这样的决定，就是一种"爱屋及乌"的心理，也是消费者普遍会有的一种心理。有调查显示，约有70%的消费者之所以从某处购买商品，就是因为该处的某位销售人员的服务好，为人热情真诚，所以消费者比较喜欢、信任他，自然也就接受了他的产品。

被特定环境促成的购买需求

需要是人因生理、心理处于某种缺乏状态而形成的一种心理倾向。一个人在产生需要的情况下，最强烈的感觉就是缺什么或期望得到什么。只有通过择取对象，才能弥补缺乏，满足需要。比如说，在口渴的情况下，人们的感受就是身体缺少水，期望得到水，且只有喝上水才能消除这种紧迫的感觉。

人的需要是具有重复性的，不可能一次永远满足，常常是满足后不久又重新出现。这种重现的需要还带有明显的周期性，如饮食、睡眠、运动等的需要。正因为需要是重复性的，所以很多时候，我们的购买是被唤起的。

乔·吉拉德是举世闻名的金牌销售员，有趣的是生活中他也屡次被其他销售员成功推销。一位人寿保险代理人曾经对乔·吉拉德和他的太太做过一次这样的推销。乔·吉拉德先生和太太琼都反对购买保险，因为费用太大。但是那代理人却战胜了这种异议，做成了交易。他是这样说的："你们知道吗？我曾经听到很多妻子抱怨他们的丈夫在人寿保险上花了太多的钱。"然后他停顿了一会儿。看到乔·吉拉德太太点头表示同意，他又接着说："但是我从来没有听哪位寡妇这样抱怨过，吉拉德先生。"

听了这句话，乔·吉拉德不禁为之动容。随后，他又招呼乔·吉拉德的小儿子和小女儿说："喂，小朋友，我要你们把手里的作业停一会儿，上这儿来。"当他们走到餐桌旁之后，代理人说："你们知道吗？你们的爸爸很爱你们，他真是一个好父亲。"说完，他就开始一言不发地填写申请表。乔·吉拉德一家四口人眼里都涌动着泪花，彼此的爱意弥漫了整个房间。代理人显然掌握到控制权，他说："好，小朋友，该去做作业了。"乔·吉拉德太太再也没有说过一句反对的话，生意就这样成交了。

还有一次，琼要乔·吉拉德陪她去逛皮衣店。作为一名顾客，乔·吉拉德对店员的推销无动于衷，他却让吉拉德太太一件接一件地试穿大衣。最后，琼找到了一件自己非常喜爱的大衣，站在镜子边足足欣赏了十分钟。"我就要这一件，可我知道要花太多的钱，亲爱的。"

乔·吉拉德还未能开口，那位推销小姐抢着说："您太太穿上这件大衣，看起来有一种梦幻般的感觉。您不同意吗，吉拉德先生？"

"嗯，是的。"乔·吉拉德一边看着标价，一边含混地说。然后推销小姐转而对乔·吉拉德太太说："有很多丈夫陪着太太到这儿来，却说他们的太太穿着皮衣体形臃肿。亲爱的，您有这样一位体贴的丈夫，真是幸福和幸运。我打赌他不会让您失望。"

这一番话使乔·吉拉德感到自己高大无比，他的脸上也堆满了得意的笑，但很快就领悟到——自己已经为太太买那件昂贵的大衣！

对一件商品由陌生到认同，消费者需要经过很多的心理权衡的过程。有经验的销售员会用旁敲侧击来暗示消费者的心里倾向，这是销售员从事销售工作的必修课之一。

在上述案例中，两位销售员都利用趁顺利将自己的商品销售给了乔·吉拉德这位金牌销售员，尽管乔·吉拉德最初并不想买下它们。但是由于销售员抓住了乔·吉拉德爱护家人这样一个"软肋"，进而趁火打劫，终于成功地达成了销售。

第三章

和产品"来电"的阀门——消费者的感知体验

在销售过程中，经营者主要是对消费者如何感知事物（产品或服务）感兴趣，而不是仅对事物本身感兴趣。美国营销学教授莱维特曾说过："人们买的不是东西，而是他们的期望。"消费者希望在交易过程中实现一定的顾客价值。顾客价值的本质是顾客感知，即顾客对与某企业交互过程和结果的主观感知，包括顾客对其感知利得与感知利失之间的比较和权衡。

正确把握顾客感知价值

顾客感知价值=核心价值±增溢价值。

核心价值来自顾客对核心方案与该方案的价格间的比较，而附加价值是附加服务与一段时间内成本相权衡的结果。需要注意的是附加价值既可能正也可能负。正的附加价值将有助于提高顾客的整体感知价值，而如果附加产品或服务引发了不必要的或未预期到的成本，附加价值将会降低顾客的整体感知价值。

顾客感知价值的根本目标在于所提供的产品或服务符合顾客需要。不少人错误地把顾客感知价值简单地理解为优质的产品和高级的服务。对顾客感知价值的错误理解，导致所提供的产品和服务不断背离顾客的真实需求。当出现感知价值与实际价值偏离时，营销人员应明白这与消费者的钱包大小无关，完全是消费者的心理行为，营销人员应重视消费者的感觉。价值是由客户决定而不是由企业决定的，它是客户的感知价值。因此，企业为客户设计、创造、提供价值时应该从客户导向出发，把客户对价值的感知作为决定因素。

然而消费者的感觉并不是固定不变的，是可以通过一定的营销努力来加以改变的。顾客价值是由感知利益和感知成本两部分构成，具体内容详见图。

顾客感知价值的根本目标在于所提供的服务符合顾客需要。任何有效的服务策略，其出发点都应当是选择目标顾客，然后企业的经营活动都应当围绕这个顾客群体来设计创新。这样，比起其他向一般顾客提供服务的竞争者，企业就更能满足顾客的需求。高度关注为特定的客户群体服务，可以使企业同时以较低的成本创造较高的顾客满意度。给顾客提供满意的感知价值是创造卓越服务的根本。

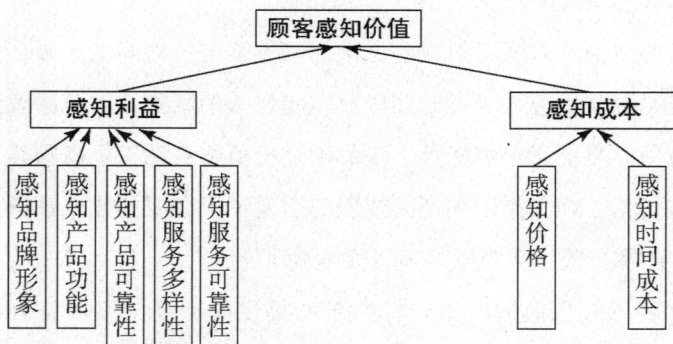

顾客感知价值构成

上图概念解释列表

概念	解释
感知品牌形象	品牌在消费者心目中的形象价值
感知产品功能	产品满足消费者各种需求的程度
感知产品可靠性	产品不出故障的情况

感知服务多样性	服务满足消费者各种需求的情况，包括售前、售中和售后服务
感知服务可靠性	服务能否保证
感知价格	包括购买成本和使用成本
感知时间成本	购买方便性、送（提）货等待时间等

消费者情感感知下的产品或服务过程是对感觉（认知与情感相互作用）进行解释并做出推论的过程，它受到个人过去的经历和预期的影响。在没有产品存在的情况下，消费者要对某种品牌认识就必须依靠记忆力，具体地说是消费者是通过认知表征对物质世界获得认知的，也就是依靠这种产品在他们心目中的认知表征或形象来认识品牌。为此，企业应该做好这两个方面的工作。

品牌价值的竞争优势

衡量品牌的标准就是品牌价值，当品牌具有了一定的价值以后，就成为了消费者心中可感知的资产，就成为品牌的一种竞争优势。一种服务和产品为人所感知的资产越多，其品牌价值就越大，企业也就可以从产品或服务中得到的更多。品牌价值是品牌的精髓，是企业品牌与消费者的双向沟通，是真正可以打动消费者情感的价值。使消费者对品牌产生一种特有的情感，使品牌成为情感品牌，是品牌长久不衰的关键。

品牌价值是一种超越企业实体和产品以外的价值。它是与品牌的知名度、认同度、美誉度、忠诚度以及消费者对品牌的印象紧密相关的，是能给企业和消费者带来效用的价值。品牌价值的大小，取决于它给企业和消费者带来的效用的总和。它与目前一些品牌评估机构对品牌的评估（依据品牌给企业带来的利润）截然不同。品牌价值需要通过企业的长期努力，使其在消费者心目中建立起一定的价值，再通过企业与顾客之间保持稳固的联系加以体现。对企业而言，品牌价值的效用主要体现在可提高市场占有率、使企业获得超额利润、扩大和延伸企业产品品牌等3个方面。企业进行品牌价值建设，要从以下方面入手：第一，要有清晰、准确的品牌定位；第二，苛刻的产品价值；第三，产品规模"相对有限"；第四，避免品牌价值过度稀释；第五，品牌延伸。品牌延伸战略包括副品牌战略和多品牌战略；第六，"强强"联手。品牌价值的提升同样可以通过与其他品牌联手来迅速扩展自己的品牌形象，从而创造更多的附加值。

企业与顾客之间的相互认知

当质量和价格上的差异越来越小时，由于顾客接受信息量的增大，顾客做出各种理性与非理性选择的可能性都越来越大，因此要使顾客满意，就要学会"走到顾客的心中"，做到与顾客心与心的交流，了解顾客需求，同时通过各种有形的或无形的方式，增加顾客对于商品或服务的了解和信任。

胡佛（Hoover）品牌今天仍然名列人们所广泛承认的世界十个

顶尖家庭用品品牌之列。非常罕有的是胡佛成为它所生产产品的同义词，甚至进入了牛津词典，"Hoover"这个词被用来代替"真空吸尘器"。

胡佛公司已经向一代又一代的美国人和全世界的家庭提供了真空吸尘器。在品牌认知度方面，胡佛品牌享有无与伦比的地位，比最接近它的竞争对手整整高了4倍。实际上，胡佛品牌的早期成功很大程度上取决于它的营销策略，而后期一度受挫也是由于它的营销策略。

1908年，威廉·胡佛从斯班格拉手里购买了专利并且成立了胡佛吸入式扫帚公司，生产真空吸尘器。胡佛品牌真空吸尘器的快速发展，起始于胡佛开发了一种创造性的市场营销方法。

他在当地报纸上刊登广告，宣称向任何提供书面申请的人提供十天的免费试用。他并不是将产品直接寄送给那些回应广告的人，而是将这种吸尘扫帚直接发送到需求者住所附近有一定声誉的店铺里。他附带上一则解释，要求店铺将产品送到需求者手中，如果产品能够最终销售出去的话，商店可以提取一定比例的佣金。胡佛的声望很快传出了美国。1932年胡佛死后，胡佛品牌仍然成为地板清洁行业中最为人所熟知的品牌之一，在最近几年，《财富》杂志将胡佛的生产线评为美国在世界上最具竞争力的5家工厂之一。

但在20世纪80年代和90年代初，胡佛也品尝到了一个深刻教训。一场指导错误的市场促销活动毁坏了胡佛品牌在英国的声誉。一开始的时候，这好像是一个绝妙的促销主意：向任何在胡佛产品上消费满100英镑的英国顾客提供前往欧洲大陆或美国的免费机票，但这最终演变成了一场企业灾难。

这一促销活动的失策以及公司没有迅速采取应对措施以重新恢复顾客信心，使胡佛公司的声誉受到了一定的影响，同时公司也额外付出了3000万美元以弥补免费机票促销活动所带来的未曾预料到的损失。

胡佛的成功在于他开发的一种创造性的市场营销方法，这种方法不仅保障了直接销售，而且帮助胡佛很快建立了一个经销商网络。而胡佛公司的失败在于他的市场主管错误估计了顾客的韧性，没有充分考虑到消费者的认知效应，使这场促销活动付出了远比预计大得多的代价。公司一直没有发现这个问题，他们本应该知晓抱怨的狂潮正在疯狂增长，在媒体上充斥着那些购买了胡佛产品并填写了要求获得机票的申请，却没有得到公司任何答复的顾客怒气冲冲的抱怨。

胡佛公司的失败在于它的促销活动的失策，以及公司没有迅速采取应对措施以重新恢复顾客信心，从而使胡佛公司的声誉受到了一定的影响。这属于品牌的认知表达中关系人的表达方面的偏差。

感性消费时代来了

消费需求的日趋差异性、个性化、多样化，使现代社会进入了重视"情感满足"胜过"机能价值"的时代。这一切表明我们正进入重视个性的满足和精神愉悦的感性消费时代。

为什么会出现消费感性化这一趋势呢？从消费心理角度来看，品牌理论的发展主要经历了三个时期：

第一个时期是视品牌为标志与符号。因为品牌的产生就是基于它的标志功能。这一理论观点至今仍有影响。该理论要求经营者注意标志要能提供货真价实的象征和持续一致的保证。品牌仅是一个附加在产品上的一个部分或成分。

第二个时期是视品牌为象征与建构意义。因为随着社会、经济的发展，消费者视品牌不仅是外显标志，更是一种形象。这一理论要求经营者注意创造品牌特点差异、树立个性和反映自我。品牌开始反映它与消费者的关系变化。

第三个时期是视品牌为消费者的主观认知。这一观点主要源于人们把认知心理学理论引入品牌研究。这是个重要的开始。传统营销理论将品牌视为产品形式层中的一个因素，而品牌的认知心理学贡献在于，它明确地把品牌从产品概念中区分开来。它认为，品牌是存在于人们心智中的图像和概念的群集，是关于品牌知识和对品牌态度的总和。

有些人只要是流行的都想买

在一般情况下，人们购买商品的心理活动过程存在着某种规律性。例如，在购物的收集信息阶段，心理倾向是尽可能多地收集有关商品的信息，在比较中进行决策。在购物后，通过对商品的初步使用，产生对购买行为的购后心理评价。这些心理活动有一种正常的发展过程，即循序渐进。但是，在消费流行的冲击下，人们的消费心理发生了许多微妙的变化，考察这些具体变化，也就成为研究人们的消费心理，做好销售工作的重要内容。

1.认知态度的变化

按正常的消费心理，人们对一种新商品往往在开始时持怀疑态度。按照一般的学习模式，对这个事物有一个学习认识的过程。有的是通过经验，有的是通过亲友的介绍，还有的是通过大众传播媒介传送的信息来学习。当然，这种消费心理意义上的学习过程，不同于正规的知识学习，它只是对自己有兴趣的商品知识予以接受。但由于消费流行的出现，大部分人们的认知态度会发生变化，首先是怀疑态度取消，肯定倾向增加；其次是学习时间缩短，接受新商品时间提前。在日常生活中，许多人们唯恐落后于消费潮流，一出现消费流行，就密切注视着它的变化。一旦购买条件成熟，马上积极购买，争取走入消费潮流之中，这样消费心理就从认知态度上发生了变化。认真分析不难看出，这是消费流行强化了人们的购物心理。

2.驱动力的变化

人们购买商品，有时是由于生活需要，有时是因为人们为维护社会交往而产生的消费需求。由于这两种需求产生了购买商品的心理驱动力，这些驱动力使人们在购物时产生了生理动机和心理动机。按一般消费心理，这些购买动机是比较稳定的。当然有些心理动机也具有冲动性，如情绪动机。这种情绪变化是与个人消费心理相一致的，但是在消费流行中，购买商品的驱动力会发生新的变化。如有时明明没有消费需要，但看到时尚商品，也加入了购买商品的行列，对流行商品产生了一种盲目的购买驱动力。这种新的购买驱动力可以划入具体的购买心理动机之中，如求新、求美、求

纯手工制造

特现工艺纯正手工

饼干包装 点心包装

名、从众心理动机。但有时购买者在购买流行商品时，并不能达到上述心理要求，因此，只能说是消费流行使人产生了一种新的购买心理驱动力。研究这种驱动力对于认识消费流行的意义具有重要的作用。

3.消费方向的变化

在消费流行中，会使原有的一些消费心理发生反方向变化。因为在正常的生活消费中，人们往往要对商品比值比价，心理上做出评价和比较后，再去购买物美价廉、经济合算的商品。但是，在消费流行的冲击下，这种传统的消费心理受到冲击。一些流行商品明明因供求关系而抬高了价格，但是，人们却常常不予计较而踊跃购买。相反，原有的正常商品的消费行为有所减少。如为了购买时装，对其他服装产生了等一等或迟一些时候再购买的消费心理。

在正常的消费活动中，人们购买商品，是某种具体的购买心理动机起主导作用。如购买商品注重实用性和便利性的求实心理动机，但在消费流行中就会发生变化，对实用便利产生了新的理解。因为一些流行商品从总体上比较，比原有老产品有新功能，当然会给生活带来新的便利，特别是一些吃的商品和家庭用品。这些人们加入消费流行，是心理作用强化的直接结果。

4.人们原有的偏好心理受到冲击

有些人由于对某种商品的长期使用，产生了信任感，购物时非此不买，形成了购买习惯，或者对印象好的厂家、商店经常光顾。在消费流行的冲击下，这种具体的消费心理发生了新的变化，虽然这些人对老产品、老牌子仍有信任感，但整天不断耳濡目染的都是流行商品，不断地受到家人、亲友使用流行商品时的那种炫耀心理的感染，也会逐渐失去对老产品、老牌子的偏好心理。这时，如果老产品、老牌子不能改变商品结构、品种、形象，不能适应消费流行的需求，就会有相当一部分人们转向流行商品，如果这些企业赶不上流行浪潮，就会失去老人们。

个人购物偏好心理是消费生活中较长时间的习惯养成的，这种习惯心理的养成是建立在个人生活习惯、兴趣爱好之上的。在消费流行中，这种偏好心理也会发生微妙的变化，有时是人们个人认识到原有习惯应该改变，有时是社会风尚的无形压力使之动摇、改变。

尽管这些常见的消费心理在消费流行中或多或少地发生了变异，但综合来看，其变化的基础仍然是原有的心理动机，形成强化或转移的形式并未从根本上脱离消费心理动机。

被个性包装吸引的消费者

在竞争日趋激烈的商业时代，有力的产品包装无疑成为打动购买者的直接利器。计划经济时代的产品包装，更多的是强调产品包装的实用性，即产品包装对产品的保护作用，想想我们小时候父母亲买油条回家，包油条的那块厚厚的牛皮纸，既没有什么美观可言，也没有店铺的任何信息，那块牛皮纸在把油条送到餐桌上之后就完成了它的使命成为一张废纸了。今天，卖油条的人一定会在包装袋上打上自己的店名、电话，用透明塑料袋做包装的人会让你看到里面的油条金黄酥脆；用牛皮纸包装的人则告诉你他在追求环保，而且纸袋更健康。

总之，企业在宣传自己产品的同时，也没有忘记宣传自己的产品包装，有些同质化严重的产品企业甚至在产品包装上大做文章，使之成为区别于竞争对手的独特卖点。

有力的产品包装除了起到对产品的保护作用外，更是产品本身的直接表现。想让购买者接受你的产品，首先得让他从视觉上喜欢上你的产品，而这常常是从包装开始的。就像我们了解一个人，通常第一印象是从这个人的衣着打扮开始的，如果一个人衣着得体，干干净净，我们从思想上就会容易接受他，反之，一个人穿着很邋遢或者很出位，我们从思想上就会排斥他。

产品包装作为产品的一个部分，首先我们就应该给出一个正确的定位，产品包装和产品不是独立的两个物体，产品包装是产品的延伸，它和产品本身共同构成了顾客的购买对象。所以，高品质的产品一定要有高品质的包装，只有这样才能增加销售说服力。那么怎样的产品包装才能够吸引顾客眼球，打动顾客的心呢？

好的产品包装不仅为产品加分，甚至包装本身都可以成为产品独特的卖点。如何才能做到产品包装的美观性，从而取悦于购买者的眼球呢？这里首先要解决产品定位的问题，我们看到越是一些高档产品包装越趋于简约风格，也就是说这种产品的包装只标示品牌信息，而不会在上面罗列自己的品牌要素。高档品牌的市场传播早在产品陈列到终端以前就已经完成，在顾客心里早就已经建立了情感认知，所以他们的包装作用不在于增加产品的现场竞争力。流通类产品不同，这种产品的购买特点决定了它的包装的重要性。

就拿矿泉水来做个例子，在品牌云集的市场上，哪一个品牌的瓶子让你记忆深刻呢？娃哈哈、农夫山泉还是其他，当然，这些包装的核心还是要满足于各自的品牌定位。农夫山泉的一贯红色标贴，娃哈哈的透明装似乎都在终端占有一席之地，而我们记忆深刻的是屈臣氏的产品包装。抛开产品层面不谈，屈臣氏的瓶子就很有个性，尤其是瓶盖，很大，完全不同于我们在市场上看到的小螺旋瓶盖，然后就是颜色，那种淡绿色看起来就很舒服，所以我们看到很多女生喜欢屈臣氏的纯净水，或者那个瓶子才是她们购买的直接原因。举这样一个例子，只想说明你的包装如果与众不同就能从视觉上抢占顾客的眼球，在终端货架上，由于你的产品包装出众，顾客会直接走到你的产品前面，因为人们对那些与众不同的东西充满了好奇心。

产品包装最基本的作用还是为了保护产品，如果忽视了产品的价值，刻意地在产品包装上大做文章，这种让顾客买椟还珠的做法也是不可取的。如果你的产品够棒，就不用非得把产品包装做得喧宾夺主。在设计产品包装的时候，那些聪明的厂家常常会在包装上选择透明装或者部分透明，这样可以让顾客直接看到产品，从而用产品本身的卖点来吸引顾客购买。

产品包装到底是选择透明装还是选择全包装，这取决于厂家的市场推广策略和产品本身的属性，那些产品本身色彩突出，具有视觉刺激效果且可以露天放置的产品，选择透明包装不失为一种好的包装策略，在市场上我们看到的一些果汁饮料常常会采用这种包装。那些要求避免光线照射或本身产品色彩不佳的产品就不适合做透明包装，比如像腌制的一些小菜。

不论是透明包装还是全包装，都要满足于产品包装为产品加分的功能，使其成为产品展示的窗口。"酒香也怕巷子深"，再好的产品没有好的产品包装，在市场竞争中也会处于销售的劣势。

增加产品的附加值，给顾客带来意外的惊喜，是增加产品竞争力的一种有力手段。赠送小的礼品给顾客，是多数产品在市场推广中的促销手段，但由于这样的买赠方式常常受到通路的影响，发生业务人员、经销商、导购员等各个环节克扣赠品的现象，从而造成促销结果的大打折扣。

把产品包装变成产品的赠品，解决了常规买赠促销的许多弊端。顾客在使用完产品以后，产品包装成为了他免费得到的第二件商品。把产品包装变成赠品的方式主要以把产品包装变为可利用的器皿为主，比如水果罐头的瓶子常常做得很精美，吃完罐头以后这个瓶子就被拿来装水装东西。现在连卖糖果、饼干的厂家也会提供一些特大号的铁盒或者密封瓶。更有创意的做法是，有一家卖饼干的企业采用的是圆形铁盒包装，饼干吃完以后，这个铁盒变成了装卫生卷纸的铁盒。

同时，还要注意包装的便利性，常常会看到有些产品包装既不便于顾客提取也不方便顾客打开，这样的包装设计其实是很不合理的。很多旅游的人都会吃一种叫作午餐肉的铁盒装食品，可是人们还是觉得午餐肉的那个铁盒非常不容易弄开，而且常常会划伤手。还有一种塑料袋装食品，比如烤鱼干或者牛肉干等，有些厂家会在包装上打一个小洞或者划一个痕迹出来，这样就方便了顾客撕开塑料袋，可还是有些厂家做的塑料袋四个边都是封死的，想吃里面的东西非得弄一个剪刀来不可。

产品包装的便利性能不能成为产品的卖点呢，这个要因产品而异，但产品包装的便利性可以为产品加分，这是毋庸置疑的。《蒙牛内幕》中写道：2002年，蒙牛在液态奶包装箱上装了一个提手以增加顾客在购买时的便利性，这个创意使蒙牛当年的液体奶销售量大幅度增长，同行也纷纷效仿——小小的一个提手，不仅拉动了蒙牛，而且拉动了一个行业。

好的包装能为产品锦上添花，所以中国自古就有"人靠衣服马靠鞍"的谚语，产品卖得好，抛开产品本身的竞争力不谈，在产品包装上还是大有文章可做的。

难以拒绝的免费试用品

免费试用、派送小试用品，让消费者感受或使用。通过顾客亲身使用，他们对产品有了最真实和最全面的体验，自然也就会对自己的购买决定非常自信并会很快停止对其他产品的信息搜集与评估，从而很快产生购买决定。

促销策略中样品的含义包括赠送小包装的新产品和现场品尝两种。许多企业在推出新产品的时候愿意以向消费者赠送小包装的产品为手段来推广产品和刺激购买，如果是食品，则干脆拿到商店里请顾客直接品尝。宝洁公司曾在北京大量赠送"潘婷"洗发液的样品，以加强消费者对这种产品的认识。

单纯地派发宣传单就希望有愿者上钩，在时下的市场营销中恐怕不会有太大作用了。派样作为派发模式发展的新元素，逐渐成为结合宣传单的最好方式，从洗发水开始，到饼干、糖果、饮料，只要能够做成试用品的产品都尝试过派样了。至今派样还是全球范围内被认为最有效、最流行的宣传方式。

海飞丝在广州街头派发瓶装洗发水，是中国最著名的，也是第一个派发整支产品的行动。正是这种气魄，在当年成为传诵话题，迅速打开了海飞丝消费市场，并奠定了它去头屑产品的霸主地位。即使后来派样已成为洗发水行业不可缺少的一种宣传手段，但派发整支产品的行动似乎并没有谁再模仿，可见宝洁公司的大胆、敢为人先。

同样，奇宝饼干在广州新上市时，选择了《泰坦尼克号》上映期在各电影院入场处向每人派发两袋饼干的活动。电影本已是大热门，奇宝饼干竟敢如此大派产品，不仅在大电影院派，小放映厅也不放过，只要是放映《泰坦尼克号》的地方，就有奇宝饼干派送，而且是每人两袋。口碑和形象立即崛起，再因为它第一个做成便利装饼干可随身携带，口味也非常好，脆而不干，于是电影过后，人们品尝完毕，即刻到超市选购奇宝饼干。此后的日子常常在公车上见到很多年轻人撕开奇宝饼干包装袋，津津有味地嚼着，办公室里的下午茶或早晨点心也成为奇宝饼干的世界。没有投入产品广告，奇宝就如此奇迹般撕开了市场，这样的消费热潮持续了几年之久，直到其他的竞争对手跟上。后来有许多饼干选在写字楼派送一片装或两片装试用品，也有许多糖果类产品开始在电影院向情侣们派送两粒装赠品，但都没有那么强烈的吸引力了。要知道，国外商店里的糖果摊开来随便试吃，就是要你吃到不好意思愿意花钱去买。

选择派发整支产品，首先第一印象会让消费者感动，然后产品在很长一段时间内都直接和消费者接触，足以延续记忆，加深印象，当消费者对产品的感觉越来越好时，忠诚度便培养出来了。不过，这种方式一定是建立在对本身产品有足够信心的基础上，如果人们试用你的产品发现一般，差异化不够明显，产品形象或利益点不够突出，虽然你投入了很多，恐怕收获也会很小。

考虑派样的宣传手法时，一定要计划好多少量才能触动消费者的神经，所谓有"舍"才有"得"。顾客通过样品的试用，如果满意就会购买商家的产品，这不失为一个体验营销的好方法。

让消费者放心的亲身体验

谈到娱乐圈炒的沸沸扬扬的电影《哈利·波特与魔法石》，相信大多数中国人还记忆犹新，从《哈利·波特与魔法石》剧引人入胜的故事中走出来，我们不难看出：其实这正是精明的商家们将"体验营销"的全新概念，在恰当的时机成功地用来满足人们对一些虚幻梦化的"情景体验"的需求，使人们在超现实的纯真精神境界中产生共鸣，在沟通和互动中不自觉地沉浸于作品的情景中，从而产生美妙的印象，使心理得到极大的满足。

购买服装时，如果一家服装店不能让顾客试穿的话，有很多顾客就会马上离开；购买品牌电脑时如果消费者不能亲自试试性能感觉一下质量，大多数消费者就会对其质量表示怀疑；购买手机时如果销售人员不太愿意让顾客试验效果，顾客可能马上就会离去……分析一下这些现象背后的原理，我们会发现消费者在购买很多产品的时候，如果有"体验"的场景和气氛，那么对消费者的购买决策就能产生相当大的影响。

所谓眼见为实，耳听为虚，在终端的导购上即使导购人员再如何说得天花乱坠，不如让顾客亲自体验一下更有说服力。在导购的同时，可以利用某种手段，把导购的内容在产品上直观地量化出来。如某家纺品牌为了证明其面料质量的可信，特意在床上放置一放大镜让消费者通过放大镜来观察面料的细密，从而取信于消费者。

尽量把产品按实际使用方式陈列在展厅里，请消费者亲自触摸使用到产品，感受其真正的使用效果，以身临其境的方式体验产品的优越性。

不管运用何种方法，其目的就是要通过视觉、触觉等感觉器官对消费者进行全面的刺激，恰如其分地把产品展示出来，使品牌核心诉求得到更加突出的表现，让消费者对产品有更加全面的认知，使其从内心深处感知品牌的独特之处。

从这点可以看出，体验式营销方式非常重要。以顾客体验为价值诉求的美国"星巴克"（starbucks）就是例子。

美国"星巴克"咖啡馆所渲染的氛围是一种崇尚知识、尊重人性的文化。气氛的感染、顾客的体验才是星巴克制胜的法宝，世界各地每个城市的星巴克咖啡，陈设不见得一样，建筑形式也各不相同，但都传达的是一种轻松、温馨的氛围，提供的是雅致的聚会场所、创新的咖啡饮用方式和过程，从而把星巴克咖啡变成了一种情感经历，将普通人变为咖啡鉴赏家，使这些人认为3美元一杯咖啡的高价合情合理。几乎没有做任何广告，星巴克就成为世界的知名品牌，其利润约等于该行业平均利润的5倍。星巴克真正的价值所在，就是"体验"。

长久以来，传统营销把消费者看成理智购买决策者，事实上，很多人的购买行为是感性的，他们对消费行为很大程度上受感性支配，他们并非非常理性地分析、评价、最后决定购买。也会存在幻想，有对感情、欢乐等心理方面的追求，在特定的环境下，也会有冲动。正如伯恩德·H.施密特所指出的那样："体验式营销人员应该明白，顾客同时受感性和理性的支配。也即是说，顾客因理智和因为一时冲动而做出购买的概率是一样的。"

企业只提供场景和必要的产品或服务，让顾客亲自体验消费过程的每一个细节。只有通过亲自尝试，顾客才会放心的购买。

有时候，尽管顾客认可销售人员的商品，也认可商品的价格和价值，但是真正购买又是另一回事。这时，销售人员就要及时地冲淡顾客购买商品的恐惧感。销售人员可以利用购买的机会、产品的质量等多方面因素，来消除顾客购买商品的恐惧感，有效地转化为不购买的恐惧感。让顾客亲自体验产品是很好的消除恐惧的方式。

"新品就是佳品！"

消费者往往喜欢新产品，并且认为新产品肯定是超越旧产品的，一定是更加先进，更加完善的，尤其是年轻的消费者。年轻人的特点是热情奔放、思想活跃、富于幻想、喜欢冒险，这些特点反映在消费心理上，就是追求时尚和新颖，喜欢购买一些新的产品，尝试新的生活。在他们的带领下，消费时尚也会逐渐形成。

现在的年轻人求新、求异，喜欢尝试，面对目前竞争强烈的市场环境，要想抓住年轻人的眼球，新产品进入市场需要从延伸产品中寻找差异，即通过形式产品（包装、造型、品牌）的差异来体现产品延伸的附加价值和利益，来表现产品带给消费者的心理感受和内心需求。新产品的竞争策略可以是通过主题演绎的不同、表现的不同来实现差异化，增加产品的独特性。

虽然消费者青睐新产品，但是新产品上市的时候如果没有产生一定的效果，不能让消费者知道你的出现，那么再新的产品也没有用。新产品很重要，但是新产品上市时让消费者知道更重要。

新产品本身就是创意的产物，如果我们能够在上市方式上选择创意手段上市，其效果就会被放大。我们见到很多企业都十分注重新产品本身的创意，但在新产品上市中很少运用创新手段，导致新产品过早地老气横秋，显露出未老先衰的征兆。

2000年，中国瓶装水市场竞争格局基本上已成为定式。以娃哈哈、乐百氏为主导的全国性品牌基本上已经实现了对中国市场的瓜分与蚕食！

同时，很多区域性品牌也在对水市不断进行冲击，但是往往很难有重大突破。当时，比较有代表性的水产品有深圳景田太空水、广州怡宝、大峡谷等等，还有一些处于高端的水品牌，如屈臣氏、康师傅等。但是，中国水市竞争主导与主流位置并没有改变。正是在此时，海南养生堂开始进入水市，农夫山泉的出现改变了中国水市竞争格局，形成了中国市场强劲的后起之秀品牌，并且，随着市场竞争加剧，农夫山泉在一定意义上逐渐取代了乐百氏成为中国市场第二大品牌，从而创造了弱势资源品牌打败强势资源品牌的著名战例。

2005年3月12日，农夫山泉董事长钟睒睒在接受央视对话栏目采访时谈起了当初自己推出农夫山泉自然水的无奈与机智。

当时，农夫山泉买断了千岛湖五十年水质独家开采权，在这期间，任何一家水企业不可以使用千岛湖水质进行水产品开发。就是这样一个新闻，应该说还是非常具有炒作空间的，但是，当时到浙江淳安的记者普遍感觉没有什么热点。面对记者的垂头丧气，记者出身的钟睒睒出于自然的职业敏感，在记者发布会上爆出了一个大胆的，也可以说是十分经典的创意：好，我给大家宣布一个消息，从今天开始，农夫山泉将不再生产纯净水，而仅仅生产更加健康、更加营养的农夫山泉天然水。钟睒睒的一句话立即掀起了记者的热情，于是，一场中国水市的暴风骤雨由此诞生，也正是钟睒睒的创意，改变了其后中国水市的竞争格局。

首先是农夫山泉的三种不同水试验：分别将三株植物放在纯净水、天然水与污染水之中，我们会发现，放在纯净水与污染水中的植物生长速度明显不如放在天然水中的，由此，农夫山泉得出一个结论，天然水才是营养水。

随后，钟睒睒仅仅有10万元现金就撬开了化学家、生态学家、营养学家的尊口，他们纷纷搬出自己进行研究的科学成果，验证一个结论：自然水比纯净水更健康。

不仅如此，为了验证自己结论的可信度，农夫山泉甚至在校园里开展了小小科学家试验，用孩子之口说出一个真理：天然水比纯净水健康，代价也十分低，仅仅几十万的赞助费。

从2000年4月24日宣布不再生产纯净水，5月26日在成都拉开全国性对比试验序幕，到6月份与纯净水企业联盟的正面较量，8月份全面降价，再到9月份奥运赞助战略展开，农夫山泉一气呵成，牢牢占据瓶装水市场老三的位置。虽然它对纯净水市场猛烈攻击使它彻底自绝于绝大多数瓶装水企业，但是，市场的决定力量毕竟是消费者，而非同行。更何况，养生堂终于借助农夫山泉实现了企业成功转型。

当前，中国市场上新产品上市创意能力越来越差的事实告诉我们：创意性上市方案的选择对中国企业是多么重要。成功的新产品创意上市方案首先必须是引起领导性品牌关注，并且最好是领导性品牌软肋。更要引起消费者的注意。我们今天看到很多所谓的创意性新产品上市方案其实基本上很少能引起竞争性品牌特别是领导性品牌注意，更不用说消费者，以至于市场资源效应基本上不能得到放大性处理。所以，我们判断一个弱势的新产品上市是不是具备创意性首先就要看是不是引起领导性品牌注意甚至于打击，能不能让消费者看到你的身影。

赢在新颖，胜在别样

对于某些稀缺类产品，即使成本并不太高，价值和质量也属于一般，但由于市场难觅此品，你就可以顺水推舟，将其价位高高挂起，等候需者购买。这类产品，有些顾客愿意出高价购买，所谓"需者不贵"。从中，你可以获取高额利润。赢在新颖，胜在别样。

崭新的工艺、先进的技术，是现代竞争中取胜的一个法宝。

随着人们生活水平的提高，人们的欣赏水平、消费水平也在不断提高，这就给生产经营者提出了一个新的课题，也为他们提供了一个新的竞争领域。从目前市场发展看，工艺技术高、产品质量高、构思新颖奇特的消费品已经赢得了越来越多的消费者，其市场前景是非常光明的。

中山宝路达灯饰电器厂在2006年以前，一直以生活元素品牌主销国外市场，从2006年开始，以普雷威特品牌主攻国内市场。在短短两年时间内，普雷威特产品就畅销全国，先后开设了70余家专卖店。在众多灯饰企业抱怨市场难做的时期，普雷威特是凭借什么快速地赢得了市场？

随着生活水平的不断提高，人们对灯饰的选择是越来越"挑剔"，不仅选择的是照明工具，更是在选择一件饰品。能不能满足人们不断提高的消费需求，是任何产品能否赢得市场，受到消费者青睐的关键因素。

宝路达灯饰营销总监俞利民介绍说，普雷威特能够快速赢得市场，就是把握了消费者的心理需求，能够不断满足消费者的需要。普雷威特十分注重产品的研发力度，有10多位专业的设计师进行新品研发，每个季度都能推出100多款款式新颖、时尚、节能、环保的产品。

普雷威特在注重研发速度，不断推出新品的同时，对产品的质量更是严格把关。一次，公司在给一位经销商发一款镜前灯时，发现有一点麻点，立即就把这款灯给换了，绝不让有任何瑕疵的产品走出公司。

不断推出的新款，很快就使普雷威特在市场站稳了脚跟，赢得了一片天地，深受经销商和广大消费者的好评。

人们在追求高档的消费后，才发觉有些东西太复杂。于是，一下又回到了个性简约，使用方便的时代。简约个性，时尚风格既是当今流行趋势，也是人们所追求的。普雷威特灯饰紧跟时代潮流，就具有这样的特色。

普雷威特灯饰不仅仅只是一个照明工具，更是智慧、艺术与光学的有机结合，集适用性、观赏性、简约性、国际性为一体的高端现代的灯具和装饰品，适用于家居、办公、酒店、商场、机场等高档典雅场所。同时，普雷威特还生产客房灯、厨卫灯、台灯、落地灯、吊灯等所有家居用灯饰，而且产品个性十足、唯美、极致简约、使用清洗十分方便。

只有观念创新才能抢得先机，众多成功的创业者在谈到经验的时候，总是表示创业需要创新的意识，只有做到人无我有、人有我异，才能在市场上抢得先机，为成功做好准备。

同是这个品牌，在陶业变局已显端倪、行业环境蒙昧不清的2007年下半年，毅然闯入了建陶市场份额最大、竞争最激烈的抛光砖与釉面内墙砖领域；更叫人惊讶的是，它仅仅用了大半年的时间，不但站稳了脚跟，还以锐不可当的成长加速度，塑造了"逆风飞飏"的瞩目神话——据业内资深人士介绍，其经营业绩与"南国陶都"佛山的一个中等规模的建陶老品牌旗鼓相当，让人啧啧称奇。

这个品牌就是卡米亚陶瓷，他的陡然"变脸"曾让人猜疑不已，他的成长在默默中展开，没有掀起喧哗潮声，他的快速崛起谜一般吸引着人们。

他的自主创新为企业持续发展奠定了稳固的后盾，推陈出新不断缔造市场亮点。企业聘请了大批专业陶瓷科研人员，结合时代潮流理念，执行有效的激励机制，建立了研发—生产—营销—再研发的创新模式，走自主创新可持续发展的战略。卡米亚在新品研发上孜孜以求，不惜血本，创新能力雄踞行业前列。据悉，卡米亚产品花色之多、更新速度之快，连业内对手也不得不颔首认同。

叫好和叫座的特色新产品不断涌现，科技成果频获专家好评，如近年推出的洞石、玉晶石、莎安娜米黄等抛光砖产品均被认定为达到国内领先水平。源源不断的精品不单为消费者提供更多样新颖的选择，也为企业赢得市场话语权，创造可观的经济效益，为可持续发展奠定坚强后盾，引领时代潮流。

有特点的、新颖的产品才能在市场上占有一席之地，如果企业想在市场中占据优势，那么不断地推陈出新，创造出新颖的、满足消费者需要的产品是必由之路。

第四章

买买买！被激发的占有欲——消费者的决策依据

有些购买的决定的做出看起来好像非常简单，而且往往是消费者的一闪念，似乎没有什么值得研究的地方。但事实上，消费者在购买前，大部分需要经过一个决策过程，特别是在购买大宗商品时，这一过程表现得更加完整。

　　关于购买决策分析，应该从以下几个方面着手，一是决策影响者的分析，二是购买行为类型的分析，三是购买决策过程的分析。

不可忽视的决策影响者

很多产品，并不需要研究决策影响者，因为消费者在购买时本身就是决策者，并未受到他人的影响。但在需要做出重大决定的场合，决策单位往往不是由一个组成，而且在单位内部，成员对最终决定的做出的影响是不一样的。如在我国，购买洗衣机的最开始倡议者可能并不是洗衣服者——大部分家庭是母亲，而更可能是子女，即并非最终使用者做出购买决定。购房的过程就更为复杂，此时不单单一个家庭组成决策单位，甚至亲朋好友也会提供意见。

对决策影响者的分析其实就是承认，销售人员所面对的顾客并不是单一的，而是由多个个体组成的复杂的决策单位。这就要求销售人员进行营销时，不能想当然地将营销目标锁定为最终使用者，而应全方位地考量，寻求一些能够影响决策影响者的活动。

决策影响者可以细分为：

一是发起者，即为购买的倡议者；

二是影响者，这里指的是提供看法建议之人；

三是决策者，做出最后决定的人；

四是购买者，指的是完成采购行为者；

五是使用者，实际消费或使用所购买商品的人。

这五者既可以同一，但又可能不同，一个公司有必要认识以上这种细分，并据而对本企业的产品设计、促销活动进行安排。

决策影响者的形式多种多样，一般有以下几种：

1.家庭成员

这是人们最重要的参照群体，它包括了人们的一切血缘家庭和婚姻家庭的成员。家庭成员的个性、价值观以及成员之间的相互影响，形成了一个家庭的整体风格、价值观念和生活方式，从而对人们行为起着直接的影响作用。

2.同学、同事

由于长时间共同学习或在同一组织机构中合作共事，人们常常受到来自同学或同事的影响。

3.社区邻居

在我国人们受传统习俗的影响很大，比较注重邻里关系，尤其是居住条件比较拥挤的居民，邻里往来更为密切。在消费活动中，左邻右舍的消费倾向、价值评价、选择标准等，往往成为人们重要的参照依据。

4.亲戚朋友

这也是影响人们行为的主要参照群体。在某些情况下，由于具有共同的价值取向，朋友的看法往往更具有说服力。

5.社会团体

各种正式和非正式的社会团体，如党派、教会、书法协会、健身俱乐部等，也在一定程度上影响着人们的购买行为。一个团体的组合必定有着成员之间的共通之处，这是发展销售员队伍的最佳时机，因为，只要一个人统一购买你的产品，那么身处这个团体中的其他成员，就会很容易对你产生好奇和信任。

6.名人专家

如政界要人、专家学者、影视明星、优秀运动员、著名作家，以及那些受到人们崇拜和爱戴的权威人士，都可能成为人们的参照系。也就是常规销售方式的广告效应，这在销售工作中同样也是相当有必要的。引入人们比较熟悉、信赖的名人更容易使人们对产品信服。但是要注意，不可以肆意夸大产品的使用价值，留下一定余地让人们自己判断。

被影响者的心理作用机制

决策影响者对人们行为的影响是在一定心理机制的作用下发生的。具体作用形式包括以下方面。

1.模仿

这种行为反应能够再现他人特定的外部特征和行为方式。有研究表明，人们之所以发生模仿行为，是由于人的本能、先天倾向，以及社会生活中榜样影响的结果。在榜样的影响下，人们不仅模仿到某种行为方式，而且会形成共同的心理倾向，从而表现出消费观念、兴趣偏好和态度倾向的一致性。

2.提示

提示又称暗示，是在无对抗条件下，用含蓄间接的方法对人们的心理和行为产生影响，并使其思想、行为与提示者的意志相符合。影响提示作用的最主要因素是提示者的数目。只要众多提示者保持一致，就会形成一种强大的驱动力量，推动引导个人行为服从群体行为。例如，某商品降价促销，就会引起许多人竞相抢购，某些原本没有购买需要的人们也会情不自禁地加入购买行列。

销售员在销售商品的过程中，可以利用适当的采取优惠、积分等策略来影响人们的购买心理。

3.情绪感染与循环反应

情绪感染是情绪反应最主要的机制之一。它的作用表现其实是一个循环的过程。在这一过程中，别人的情绪会在个人心理上引起同样的情绪，而这种情绪又会加强他人的情绪，从而形成情绪感染的循环反应。群体行为即是循环反应的结果。循环反应强调群体内部成员之间的互相感染。因此，群体气氛、群体中的价值观念、行为规范等，都会直接影响每个成员的思想、态度和行为。

4.行为感染与群体促进

通常，个人虽然已经形成某种固定的行为模式，但在群体条件下，由于群体规范和群体压力的作用，会使某些符合群体要求的个人行为得到表现和强化，而一些不符合群体要求的行为则受到否定和抑制。为了减少来自群体的心理压力，个人必须服从群体的要求，被群体行为所感染。

5.认同

认同是一种感情的移入过程，任何群体都有为多数成员共同遵从的目标和价值追求。个人作为群体内部的成员之一，在与其他成员的互动交往中，会受到这一共同目标和认识的影响，从而产生认同感。认同感往往通过潜移默化的方式发生作用，使人们的认识和行动趋于一致。

参照群体影响人们心理的表现

1.决策影响者的三种影响方式

（1）信息影响。决策影响者不断向人们传递一些消费信息，人们会将这些信息作为重要的参考依据，最终影响其消费行为。决策影响者的信息影响程度取决于被影响者与群体成员的相似性，以及施加影响的群体成员的专长性。比如，一个人想买洗发水，而他的同事和朋友都在使用某一品牌的洗发水，那么他就很可能也会买同样的品牌。又比如，一个人想买照相机，恰巧他认识一位专业摄影师，那么摄影师给他的建议肯定会左右他的购买决策；而如果是一个外行推荐的话，就很难达到同样的效果。

（2）规范影响。规范影响是指群体要求成员遵守的规范对人们产生的影响。决策影响者能产生这种影响的前提是：决策影响者能给予人们某种奖赏或惩罚；决策影响者的行为是明确可知的；人们有得到奖赏或避免惩罚的愿望。比如，重要会议或重大社交场合对参加者的着装都有特殊要求，如果违反要求就会面临遭多数人侧目而视甚至被拒之门外的尴尬，这些是每个参加者都竭力避免的。因而，遵从参照群体的规范要求就成为被影响者的主动行为。

（3）价值表现影响。每个参照群体都有一定的价值观和文化内涵。大多数人们都希望在维持自我的同时被社会所认同，因而会按照一定群体的价值观和其他各种习惯、规范行事，从而实现社会认同的目标。

一个群体能对人们产生这种影响要有一定的前提，即人们要能认同这个群体的价值观，并完全接受这个群体的规范。

2.决策影响者的影响程度

决策影响者对人们虽然具有重要影响，但不同的人受参照群体影响的程度却有很大差别。现实中，决策影响者对人们影响力的大小主要取决于以下因素。

（1）人们的个性特征。人们的个性不同，受参照群体的影响程度也显著不同。一般来说，自信心强、善于独立思考、做事有主见、具有较强分析判断能力的人，受决策影响者的影响较小；相反，习惯依赖他人、做事缺乏主见、优柔寡断的人，往往受决策影响者的影响较深。

（2）人们的自我形象。每个人的内心深处都有自己设定的自我形象，其中既包括实际的自我形象，也包括理想的自我形象。实际生活中，每个决策影响者都有其独特的价值观、行为准则与消费特征。当它们符合人们的自我形象时，就会使人们对该群体产生强烈的认同感，把它视为塑造自我形象的一个榜样群体。相反，如果这些决策影响者的特征与人们的自我形象相差甚远，则不会对人们产生积极影响，甚至会成为人们想回避的群体。

（3）人们选购商品的类型。国外有学者认为，决策影响者对人们选购不同类型商品的影响程度不同可以从两方面说明：一方面是商品被别人认知的程度，即自己使用这种商品能否引起别人的重视，这个产品的品牌能否被别人识别，由此将商品分为大众性商品和私人化商品。另一方面是人们对商品的需求强度，由此将商品分为必需品和奢侈品。需要说明的是，由于具体国情不同，有些在国外被认为是必需品的商品在我国可能是奢侈品。因此，在分析决策影响者对人们选购商品的影响程度时，要结合我国公民整体生活水平的实际情况进行。

避不开的"性价比"

"性价比"是人们选购商品的重要指标。说到底，人们就是追求一个性价比，都想花钱买到一个高性价比的商品。

大家在购买过程中或多或少都听商家说过，这商品品质好、性价比高。所以，许多人们都把性价比看成是选购商品的重要指标。

所谓性价比，顾名思义，即性能与价格的比值。老百姓购物，经常是"货"比三家，图的就是个物美价廉。随着经济的发展和人们生活水平的日益提高，在这个充满竞争的市场上，人们消费权衡的是商品在给自己带来价值的时候有尽量低的价格，也就是以较低的价格去买质量比较好的商品。

面对越来越理性的消费者，有些商家发现，尽管"大礼"比往年多了好几重，但似乎打动不了消费者的"芳心"，而一些在价格上大做文章的商品促销却立马见效。不少商家表示，消费者看重的是商品性价比，而不是看你送了多少礼。任何形式的促销活动都脱离不了价格因素，人们一般是先看好价格，再看其他形式的优惠。另一方面，消费者的口味变化又让一些商家绷紧了神经。现在人们要求的东西越来越多元化，商品的搭配也更自主，厂家原来的搭配方式很难满足人们的要求。比如选择家具的过程中，很多人都是自己DIY，这种个性化的需求趋势越来越明显，商家搞活动促销，可以在这个方向上多花点心思。

每个卖场都在进行活动，每个卖场也都把营销活动作为吸引人们的主要手段。并且，每个人的消费倾向也都被卖场的营销活动所影响。说白了，就是谁能够提供更多的优惠，人们就在哪里消费。

"超低价""捡便宜""买二赠一""超值换购"……这些是大家在大卖场经常见到的促销信息。而到底哪个活动能够得到人们的青睐，或者说能够最大限度地刺激人们产生购买行为，这就需要我们有的放矢地来对待了。例如，在冬天临近的时候，对凉席进行包装促销，其收获一般会低于所投入的促销成本。简单地讲，就是要促销人们需求的东西，包装大多数人们"想购买"的东西。

只记得在卖，没有总结自己产品的性价比吗？不行，不仅仅是总结而且要总结得很在行、很地道、很实在。要把自己的性价比记在心里，背得很熟，可以巧妙地分析给人们听。

例如，在竞争激烈的车市中，最有力的竞争武器还是汽车的性能、售后服务等。随着市场的日渐成熟，人们消费观念的理性回归，以核心技术为衡量准则的性价比将会成为车市中的主流，而建立在华而不实的配置和自我吹捧基础上的车，将会越来越无缘于消费者的订单。

苏先生是一家广告公司的经理，由于业务发展需要，想买一辆大气的车。但是，由于公司创业不久，资金不是特别充裕，只有10

万元左右的购车预算。苏先生让朋友帮忙参考，如何才能既满足要求，又不占用太多的资金即可买一辆称心的车。朋友通过多方面比较，最后建议他买一款价格不高但稳重、大气的汽车。开了两个月后，苏先生很满意，觉得很符合自己的要求。

从苏先生的案例中不难发现，随着中国汽车市场的逐步成熟，汽车行业的竞争将由价格竞争转向整车性能价格比的竞争。从近两年的市场表现来看，持续性降价，并未给哪种车型带来理想的效果，相反，由于车型推出过多，价格下降过快，消费者购车渐趋理性，不再一味地追求低价，更注重汽车性价比、汽车的使用成本和汽车质量的稳定性。

从专家的建议中可以看出，性价比对人们消费而言是多么重要，是人们参考的一个最重要指标。所以，想让自己的商品好卖，最重要的是提供质量好、价格合适的商品，具有好的性价比，就不用担心消费者不上门了。

满足消费者心理的价格

消费者心理价格是指消费者在主观上对一种商品给出的价格，或者是消费者在商品价格既定情况下，对商品的接受程度。比如，在日常生活中，就经常听到有人这样说，"这东西，顶多值10元"，"那个东西，至少要100元"，这就是消费者主观上对商品价值的判断。在价格既定情况下，消费者对一种商品的接受程度有高低之分。我们把企业的产品在市场上的销售快慢看作是既受商品自身价格的影响，又受消费者爱好的影响。

什么样的价格更容易被我们接受，引起我们购买的欲望？企业在制定价格或调整价格时必须考虑到消费者的心理需求。心理需求要比生理需求复杂得多，心理需求具有无限性。消费者的生活习惯、文化程度、收入水平、价值观念、欣赏能力各不相同，会产生不同的甚至截然相反的联想或情感。人们常说"百人有百心，百货对百客"。消费者的心理需求是随着生产力的发展和人们对生活的渴望及其可能性而具有强烈的时代色彩。因此，企业会千方百计地去了解消费者的需求，并针对不同的需求层次提供不同的商品，制定不同的价格策略。消费者的需求心理各式各样，从影响企业价格决策的心理因素看，主要有以下几种：

求名心理

有这种心理的消费者，不仅追求商品的使用价值，而且更追求精神方面的某种满足。比如人们送礼品，在礼品上有明码标价时，人们往往宁肯花上105元，而不愿花95元。买同类商品，虽然只差10元，却给人感到是两种不同的档次。又比如有部分消费者往往通过消费来显示自己的身价，提高自己的地位，非常重视产品的牌子，企业的名称，希望自己买的是名牌产品，因此，一些企业正是利用少数顾客的这种心理，采取高价、厚利、少销的策略。

求廉心理

这是一般消费者最基本最普通的心理活动。人们在购买商品时，偏重于商品的实际效用和质量，讲究经济实惠，使用方便，注重追求商品的价廉物美。许多收入水平低的城乡消费者都持这种消费心理。

时髦心理

在市场上，我们经常看到一部分追求新潮，追求时髦的中青年消费者，对产品的价格等并不在乎，而是对产品的流行性特别感兴趣。

求信心理

人们对有些商品的购买非常注重产品的信誉，购买日用消费品往往愿意购买老字号的产品，请客也去老字号餐馆。所谓"一分钱，一分货"的说法就是这种心理的反映。酒好不怕巷子深，是这些老字号的经营心态。

逆反心理

"薄利多销"未必是市场运动的普遍规律，有时消费者往往会产生逆反心理，认为好货不便宜，便宜没好货。因而会从"薄利"引出与"多销"相反的结果。市场常有这种情况，某种商品打出跳楼价格，反而无人问津。一些高档消费品在降价之前，往往要造声势，大力宣传，告诉消费者这是企业的一种促销策略，否则也不会产生新市场，反而影响产品的声望。消费者的心理活动是一种复杂的思维现象，各种心理因素相互影响，相互制约。

企业产品的销售状况同消费者的心理价格成正比，同商品自身价格成反比。商品价格和消费者心理价格可以各自独立对商品销售量起作用，商品自身价格也会对消费者心理价格发生影响而影响商品销售量。例如，对高档消费品来说，如果某牌号的商品价格偏低，或由高降低，消费者很可能会认为是质量出了毛病或质量不好，这样，低价却导致了消费者心理价格下降；反之，某个牌号的商品，其定价比同类商品高，消费者反而以为这是由于产品质量好的结果，高价促使了消费者心理价格更多地上升，这样该商品会因

玻璃墙上的折扣信息

高价而走俏。不过，值得注意的是，这种情况不能一概而论。

企业经营者如何提高消费者的心理价格：

一般来说，质量越高的商品，消费者的心理价格也越高，这与商品的使用时间的长短也很有关系。产品的使用时间很长，消费者心理价格就很高；如果产品的使用时间很短，消费者的心理价格就很低。另外，质量问题哪怕很小，也会大大降低消费者心理价格。因此企业要提高产品质量，从根本上提高消费者心理价格，就要在消费者中建立起高度的质量信任感。

企业的声望，对于产品的消费者心理价格有着很重要的影响。一家知名度高，深受消费者信任和喜爱的企业，它的产品往往具有很高的"消费者心理价格"。为了提高企业声望，一些具有名牌产品的企业可将自己的牌子和厂名相联系，这样一旦产品牌子响了，企业也出名了。不外乎是企业要生产质量过硬的产品，并通过各种方法和途径向消费者介绍、宣传自己。

企业对消费者提供的服务是多方面、多阶段的。不仅售后服务对"消费者心理价格"有着重要的影响，而且售前和售中服务也有很大的影响。企业在商品走俏时，不能放松自己的售后服务，更不能不兑现自己许诺的服务。否则就是在败坏自己的声望，降低"消费者心理价格"。

价格过低反而会吓跑人

人们都喜欢物美价廉的商品，但价格太低了反而会把人们吓跑。

如果上网，你会经常在论坛里看到这样的帖子：

"上面的鼠标简直太便宜了，大家认为有可能是假的。他说如假包换，市场价一百多的，他竟然只要三四十元就行，有点不敢买。"

"我在淘宝网上看到有的东西和大街上店里的东西好像是差不多的，可是价格可要比大街上的店里便宜太多了，想买，可又不放心它的质量！质量会有问题吗？"

淘宝网上过低的价格，让消费者小心翼翼地离开，充满戒备。有人说过高的价格会吓走消费者，那么，过低的价格同样也会吓走消费者。

如今的某些市场价格可以说是杂乱无章，商家为了打击竞争对手，不惜损失毛利，不断对价格进行调整，价格几乎是天天在变，致使价格失去信誉度，客户无法了解何为货真价实，并常常疑惑价格与商品的巨大差异。失去了信任，也就失去了客户。

合理的促销活动可以达到突出公司的特点、扩大影响力、参与市场竞争的目的，但目前铺天盖地的"惊爆价""特卖价""超值价"令客户目不暇接，无所适从。盲目的降价更是破坏了知名品牌的形象，降低了客户对知名品牌的忠诚度，致使部分稳定客户流失。

促销价格过低时，要进行一定的补充说明，以免客户对商品本身产生怀疑。商家不断降价会导致老客户有被欺骗感，新客户会持币观望。

促销频繁出现，尤其是非常强硬的降价促销手段，一般不宜持续使用，不然就失去了促销的本意，也在很大程度上让消费者感到无助。同样的东西，在时差不大的两个阶段价格迥异，客户内心很难平静。

商家若不断降价促销，客户会对其中不通透的市场黑洞感到惶恐，并对商家的产品失去信赖。这样的道理在消费行为中等待节日促销或者大促销的行为中得以证明。

与价格相关的促销形式其实有很多：打折、返券、返现金（红包）、买赠等。但是大多不会将原有价格完全删改或抹杀。因为价格很敏感：降时容易升时难。国家对价格促销有相关明文规定，尤其是对一些很关键的商品，须甚为谨慎。

合理的定价策略可以减少库存，降低人员和广告方面的支出，并使企业利润得以保障，同时也使消费者感到其定价的诚实可信，提高客户的满意度。成功的促销行为不仅仅是销售出产品，同样重要的是要通过销售产品而获得合理的利润。

好奇心打开钱袋子

好奇心是所有人类行为动机中最有力的一种，在实际推销工作中，可以用话先勾起客户的好奇心，引起对方的注意和兴趣，然后从中说出推销商品的好处，这就是我们现在所说的注意力经济。

人人都有好奇心，美国人在经营中善于利用人类的好奇心，设法引起众人的注意和兴趣，以此来促进交易。美国人卡塞尔是这方面的高手，他是一位善于观察，善于思考，善于洞悉别人心理的大赢家，他把这些都用在做生意上。

卡塞尔在闹市地段租了一块地皮，造了一间小木屋作为酒坊。小木屋四周均留有小圆孔，并挂上一块醒目的牌子，赫然写着"禁止观看"四个大字。来往路人经不住好奇心驱使，越是禁止看越是想看，他们都簇拥着通过小圆孔往里面偷看。

这恰恰中了卡塞尔的圈套，进了屋内，看到另一块牌子上写着"美酒飘香，请君品尝"八个字，这时小孔下面正放着的一坛美酒，香气扑鼻。窥视者感到真是挡不住的诱惑，于是忍不住争相解囊购买。

1998年，美国超级拳王泰森在和霍利菲尔德的一场拳击比赛上，咬掉了霍利菲尔德的半块耳朵，当场观众一片哗然。尔后这件事被炒得沸沸扬扬，尽人皆知。卡塞尔便突发奇想，为他的酒坊设计了一种名叫"耳朵"的下酒菜。这种"耳朵"菜有荤有素，酷似霍利菲尔德的耳朵。谁不想尝尝咬坏别人耳朵的滋味呢？"耳朵"菜吸引了大量的消费者，也为卡塞尔带来了大量的利润。

人们对你卖的东西产生好奇，也就意味着你拥有了一半的成交机会。商人如能巧妙地利用人们的好奇心，就很容易地达到促销的目的。

美国商人鲍洛奇早年在美国一个叫杜鲁茨城的最为繁华的街道替老板看摊卖水果。有一次，老板贮藏水果的冷冻厂发生了一场意料不到的火灾。当消防人员赶来把大火扑灭时，16箱香蕉已被大火烤得变成了土黄色，表面还出现不少小黑点。这些香蕉一点都没变质，相反，由于火烤的原因，这些香蕉还别具一番风味。

老板把这些香蕉送到鲍洛奇的摊位上，让他降价处理。当时，普通香蕉每磅的售价是4美分，老板让鲍洛奇以每磅2美分，降价一半出售。老板还交代，香蕉只要能够卖出去，不至于浪费掉就行了，即使价格再低一点也可以卖。不少顾客走到他的摊前，见到这些丑陋不堪的香蕉，只好摇着头转到别的摊位前去了。第一天，鲍洛奇只卖出了8磅。

第二天一大早，鲍洛奇又开始叫开了："各位先生，各位女士，大家早上好！我刚批过来一些进口的阿根廷香蕉，风味独特，只此一家，数量有限，快来买呀！"很快，鲍洛奇的摊前就围了一大群人。众人目不转睛地盯着这些黄中带黑的"阿根廷香蕉"，有些犹豫，不知道要不要买。

看到这么多人围到自己的摊位前，鲍洛奇兴奋极了，立刻鼓动三寸之舌："阿根廷香蕉，阿根廷香蕉！最新进口的，我们公司好不容易批到的。这种香蕉产在阿根廷靠海的地区，阳光充足，水分多，风味独特！"

在人们将信将疑之际，鲍洛奇不失时机地问一位穿着得体的小姐："小姐，请问您以前尝过这种'阿根廷香蕉'吗？"这位小姐在摊位前张望很久，鲍洛奇早已注意到她了。她的眼睛好奇地盯着这些香蕉很久了，那样子很像打算买，只是还没有最后拿定主意。鲍洛奇决定从她身上打开突破口。

"哦，我可没有，从来没有尝过。这些香蕉蛮有意思的，只是有点黑。"小姐说。

"这正是它们的独特之处，否则的话，它们也就不叫阿根廷香蕉了。你见过鹌鹑蛋吗？鹌鹑蛋也是带有黑点，但是鹌鹑蛋却特别好吃，不是吗？"鲍洛奇唾沫飞溅地说，"请您尝尝，您从来没有尝过这种风味如此独特的香蕉，我敢打赌！"接着马上剥了一只香蕉递到小姐的手里，小姐接过吃了一口。

"味道怎么样，是不是非常独特？"鲍洛奇不失时机地问。

"嗯，味道确实与众不同。我买8磅。"小姐说。

"这样美味的阿根廷香蕉只卖10美分一磅，已经是最便宜的啦。我们公司好不容易弄到这么一点货，大家不尝尝？错过机会您想买就买不到了。"鲍洛奇大声吆喝起来。

既然那位小姐已经带头买了，而且说味道独特，再加上鲍洛奇的鼓动，大家不再犹豫，纷纷掏出钱来，想尝尝"进口的阿根廷香蕉"到底是什么样的独特味道。于是你来5磅，他来3磅，很快，16箱被大火烤过的香蕉竟然以高出市价一倍的价钱卖得精光。

可见，经商中设置悬念吊起对方好奇心，是一种行之有效的游说方法。在你得到满足的同时，对方也会自觉地接受你的意见。

第五章

70% 的消费与商品本身无关——消费者的人性弱点

尽管我们是"宇宙的精灵，万物的灵长"，但现实中，人性的弱点也不少：贪婪、恐惧、害怕孤独、易被诱惑、贪慕虚荣……关于人性的一切弱点，正在被消费社会利用和营销。

　　好的营销基本上都是弱点营销，想想我们永远缺一件衣服的衣橱，在欧美抢购的奢侈品，在电商大战中抢的各类打折货，各种接不完的快递——我们的弱点被营销、需求被开发、欲望被满足，貌似双赢，而弱点营销所做的，就是引导我们一直需要、永不满足。难怪经济学家托马斯·赛德拉切克说：不满足成为让我们进步和成长的引擎，也会让我们自己成为一个永不满足的引擎。

消费者都是容易被刺激和诱导的

现今市场上，繁多的商品已经让人们渐渐产生了审美疲劳。当人们开始越来越精明地选择商品的时候，销售员难道打算让产品自己把自己推销出去吗？事实上，品牌可以说话，但客户更需要销售员的帮助。

在以客户为中心的理念下，讨好客户这些营销方式已经不像从前那样合时宜了。什么才是最好的营销战术？怎样才能让客户不请自来？用怎样的方法能让客户源源不断地涌现出来？这需要销售员用智慧去引导客户，去刺激客户，让他们满心欢喜地主动向你"投怀送抱"。

纽约有位年轻商人摩斯，他在纽约市的一个热闹地区租了一家店铺，满怀希望地择了个吉日开始做起保险柜的买卖。

然而开业伊始，生意惨淡。虽然每天有成千上万的人在他店前走来走去，店里形形色色的保险柜也排得整整齐齐，店中销售人员更是彬彬有礼、周到服务，但是却很少有人光顾。

看着店前川流不息的人群，却没有一人光顾他的店铺，他不禁心中烦恼。最后摩斯想来想去，终于想出了一个突破困境的好办法。

第二天，他匆匆忙忙前往警察局借来正在被通缉的重大盗窃犯照片，并把照片放大好几倍，然后把它们贴在店铺的玻璃上，照片下面还附上文字说明。

照片贴出来以后，来来往往的行人都被照片吸引，纷纷驻足观看。人们看过逃犯的照片后，产生了一种恐惧的心理，本来不想买保险柜的人，此时也有些犹豫，前思后想还是觉得买一台踏实。因此他的生意立即有了很大的改观，原本生意冷清的店铺突然变得门庭若市。就这样不费吹灰之力，他的营业额就突飞猛进，连续上涨。保险柜在第一个月就卖出48台，第二个月又卖出72台，以后每月都卖出七八十台。

不仅如此，还因为他贴出了逃犯的照片，使警察顺利地缉拿到了案犯。因此，这位年轻人还荣幸地获得了警察局的表彰奖状，报纸也对此做了大量的报道。他也毫不客气地把表彰奖状连同报纸一并贴在店铺的玻璃窗上，锦上添花，他的生意更加红火。

从案例中不难看出，摩斯成功的方法很有创意，而且一举多得。

1.充分激起了客户的购买欲望，使他们趋之若鹜，成为自己生意的源泉。

2.替自己的商店做了精彩的广告。

3.受到表彰，名利双收。

总之，善于通过外部的刺激和诱导来向客户传递产品的价值信息，从而挖掘客户的潜在购买欲望，这就是摩斯成功的原因。在销售过程中，销售员应把消极或中立的客户变得积极起来，并诱发他们的欲望。这样一来，销售人员不仅可轻易地在客户心中建立起可信度，还可以避免盲目地进入客户的心理阵地。

思想比方法更重要，在销售业中，没有任何一个人能传授给你完全可靠的销售方法，重要的是开启营销的智慧和思想，刺激和诱导客户，变被动营销为主动营销。这些方法的道理都很简单，但是销售员有时候却茫然不知所措，或者有思想却不知如何将其转化为技巧。所以，销售员不仅要学习，还要敢于实践。

越是买不到，越是想得到

周末，张丽去商场买东西，路过苹果专营店时，顺便看了看最近上市的新款手机。销售人员演示了手机的各种优点，张丽很感兴趣，但是毕竟价格高昂，她有些犹豫。就在这时，销售主管走过来说："此款手机特别火，店里就剩这一个了，如果错过，至少得等一个星期以后再来买了。"张丽听了这样的话之后，迅速做了决定，先刷信用卡买了再说。

上面的例子反映了短缺因素对产品价值的影响作用，很多销售人员都非常善于利用这一原理来给顾客施加压力，使之顺从。如上面提到的销售主管使用"存货无几"的策略，告诉张丽手机供应紧张，不能保证一直有货的时候，张丽就及早地采取了购买行动。

利用"怕买不到"的心理，人们常对越是得不到、买不到的东西，越想得到它、买到它。推销员常常利用消费者这种"怕买不到"的心理，来促成订单。例如说："这种尺寸的该款服装我们已经不多了，该款服装销得很快，我估计这款服装不会等您星期六。""这是最后10件，要买趁早。"再如，"我们这种机型的空调只剩下3台了，我们最后的优惠时间只有两个星期了……"运用机会型促成成交这一方法时，还可以从付款条件、广告承诺、季节包装、现金折扣等方面入手。

许多准顾客即使有意购买，也不喜欢迅速签下订单，他总要东挑西拣，在产品颜色、规格、式样、交货日期上不停地打转。这时，聪明的推销员就要改变策略，暂时不谈订单的问题，转而热情地帮对方挑选颜色、规格、式样、交货日期等，一旦上述问题解决，订单也就落实了。

在这种促成交易的方法中有一项特别的方式，即"特殊诱导式促成成交"。运用这一特别方式时，销售人员以特定的一次性利益诱导顾客做出购买决定。例如，经营空调的电器零售店里的销售人员对顾客说："如果您今天购买，我们将免费安装，还提供终身维护。"

下面来看看Zara是怎样成功的：

"品种少，批量大"是传统制造业的天条，而在"长尾市场"中，"款多量小"却成为当红的商业模式。Zara以其"多款式、小批量"，创造了长尾市场的新样板。

Zara值得大多数传统企业借鉴的是，它有意识地在自己的产品中"制造短缺"。虽然一年中它大约推出12000种时装，但每一款的量却并不大。即使是畅销款式，Zara也只供有限的数量，常常在一家专卖店中一个款式只有两件，卖完了也不补货。总裁Isla说："我们不想所有人都穿同样的衣服。"随着每周两次补充新货物，公司使顾客养成经常来逛的习惯。

如同邮票的限量发行提升了集邮品的价值，Zara通过这种方式，满足了大量个性化的需求，培养了一大批忠实的追随者。"多款式、小批量"，Zara实现了服装企业商业模式的突破。

款式更新更快增加了新鲜感，吸引消费者不断重复光顾。快速更新店面里的货品，毛确保了它们能符合顾客的品味，从而能被globrand.com销售出去。在Zara你总是能够找到新品，并且是限量供应的。这些商品大多数会被放在特殊的货架上面。这种暂时断货策略在很多人眼中太大胆了！但是想想所有限量供应商品在市场上受到的追捧吧，人们需要的不是产品而是"与众不同""独一无二"。而Zara的暂时断货正满足了人们的这种心理，Zara由于这种颠覆性的做法慢慢变成了"独一无二"的代言人。

Zara成功地运用了稀缺性策略，所谓稀缺性策略，就是指向潜在客户表明销售人员所在公司的产品或服务的稀缺性，以此暗示潜在客户，如果不尽早做出购买决策，就可能"过了这个村，就没有这个店"，或者做出决策晚了，就可能排队等待产品或服务。

"物以稀为贵"，反映了人们的一种深层心理，就是害怕失去或者怕得不到。在消费方面，这种心理也非常明显。顾客对越是买不到的东西越是想要得到它，而商家正是利用了顾客的这种害怕买不到的心理，采取"名额有限"等方式来吸引顾客。

使用稀缺性策略，需要销售人员对自身公司的产品或服务有一个客观的认识，且在与潜在客户的沟通中注意语气、气氛，避免给潜在客户一种要挟的感觉。

无法拒绝的甜头，为小礼物花大钱

古语云："欲将取之，必先予之。"这是中国古代兵法中常用的招术，而现代人在经商谋略中将这一原则演绎得淋漓尽致。取与予，相反相成，前者是目的，后者是手段。只想得到，不愿给予，这是一厢情愿，做生意也不会赚钱。若要自己受惠，先要施惠于人。有甜头，顾客才愿意停留下来慢慢嚼。

日本"佳能"照相机如今是世界名牌产品，但是，当初走进中国改革开放的大市场时，已经慢了半拍，别的牌子的照相机早已挂上了中国摄影记者的脖子。可"佳能"公司并不因此而止步，他

星巴克咖啡厅

们绝不会望着中国这个巨大的市场而不流口水。怎样占领中国市场呢？他们上演了一出经过精心策划的好戏。

佳能公司经过调查发现，中国众多的摄影工作者、爱好者只能从样本资料上了解佳能EOS照相机的性能，从商店的橱窗里看到它的模样，却不能去摸一摸、试一试EOS的功能究竟怎样。佳能公司上海事务所为了使ECS与中国的消费者熟悉起来，成为"好朋友"，就想出了一招。他们把大批佳能EOS照相机借给上海的记者，让他们免费使用40天，同时又请维修部的专家讲解它的功用、性能。

1992年夏天，上海各大报纸和许多摄影记者都用上了"佳能EOS"照相机。从EOS1到EOS1000，都配有各种款式的镜头。拿起相机发现，每个上面都贴有一张标签"佳能赞助器材"。记者们使用得相当认真，开始时小心翼翼，后来就随心所欲地拍起来……40天匆匆而过，记者们送还照相机时都恋恋不舍。

不久，一些记者通知佳能公司上海事务所，他们准备购置一批EOS……佳能公司以欲取先予的策略打开了中国的市场之门。

佳能公司非常聪明地先让利给顾客，然后获得高额的利润。这种策略，星巴克企业也利用过，通过提供额外的服务和方便，在很大程度上提高了顾客的停留时间。

星巴克咖啡的核心客户群年龄是25~40岁。经过长期的市场调研，星巴克企业发现核心顾客群每人每个月平均来星巴克喝18次咖啡。针对这种情况，他们制定了相应的策略目标：一方面是提高客户的上门次数，另一方面想办法让顾客每次停留更久，以便吸引他们喝更多的咖啡，提高业绩。

考虑到越来越多的年轻顾客会带笔记本电脑来喝咖啡，2002年8月，星巴克企业推出服务策略，在1000家门市提供快速无线上网。顾客使用笔记本电脑或手机都可以无线上网、收发电子信件等。果然，此项服务一经推出，星巴克咖啡厅的上座率迅速提高。

消费者对"甜头"是无法拒绝的，因此，聪明的经营者在销售商品的同时，"略施小利"，抛小饵钓大鱼，自己也能大获其利。

现在的很多商家都采用薄利多销，让利于顾客的定价方法，浙江温州的一些民营、个体厂商，用的是"一分钱利润法"。就是说，只要有1%的单价利润，就应感到满意，切忌"贪婪"。事实上，此法充分体现了"价增量减，价跌量增"的道理。一分钱的利润看起来微不足道，但是价跌（价廉）会促使销量大增，从而导致总利润的大大增加。所以有人提出，企业经营管理者应树立"1%"的提价意识。就是说，采用小幅涨价的策略，因为小幅涨价具有极好的"隐蔽性"。例如，将产品价格上浮1%，许多顾客不会在意，特别对于低价位（单位在几元以内）的产品。当你调高1%时，一般顾客不会有承受不了的感觉，而你的总利润却大大增加了。只要总利润有1%~5%就应感到满意，过分地"贪婪"会适得其反。

上了欲擒故纵推销术的当

欲擒故纵中的"擒"和"纵"，是一对矛盾的统一体。在军事斗争中，"擒"是目的，"纵"是方法。古人有"穷寇莫追"的说法。事实上，不是不追，而是看怎样去追。把敌人逼急了，他也会"狗急跳墙"，集中全力拼命地做最后的反扑。不如暂时放敌人一步，使敌人丧失警惕性，斗志松懈，然后再伺机而动，歼灭敌人。

欲擒故纵主要利用人们对事物的态度，是越朦胧越想寻求其清晰的心理。如果能把谜面说得扑朔迷离，人们就越想寻求谜底，破解谜面。胃口吊得越高，消化得就越好。

在销售活动中，很多消费者就上了欲擒故纵的当。

一天，一个销售人员在兜售一种炊具。他敲了李先生家的门，他的妻子开门请销售人员进去。李太太说："我先生和隔壁的赵先生正在后院，不过，我和赵太太愿意看看你的炊具。"

销售人员说："请你们的丈夫也到屋里来吧！我保证，他们也会喜欢我介绍的产品。"于是，两位太太"硬逼"着他们的丈夫也进来了。销售人员做了一次极其认真的烹调表演。他用他所要销售的那套炊具温火煮苹果，然后又用李太太家的炊具以传统的方法煮，两种方法煮成的苹果区别非常明显，给两对夫妇留下了深刻的印象。但是男人们总是会装出一副毫无兴趣的样子。

这个时候一般销售人员，看到两位主妇有买的意思，一定会趁热打铁，鼓动她们买，如果这样做的话，还真不一定能销售出去，因为越是容易得到的东西，人们往往觉得它没有什么珍贵的，而得不到的才是好东西。这个聪明的销售人员深知人们的这种心理，于是将样品放回盒里，对两对夫妇说："多谢你们让我做了这次表演，我实在希望能够在今天向你们提供炊具，但我今天只带了样品，也许你们将来才想买它吧。"说着，销售人员起身准备离去。这时两位丈夫立刻对那套炊具表现出极大的兴趣，他们都站了起来，想要知道什么时候能买得到。

李先生说："现在能向你购买吗？我现在确实有点喜欢那套炊具了。"

赵先生也说道："是啊，你现在能提供货品吗？"

销售人员真诚地说："两位，实在抱歉，我今天确实只带了样品，而且什么时候发货，我也无法知道确切的日期。不过请你们放心，等发货时，我一定会记得告诉你们。"

李先生坚持说："哟，也许你会把我们忘了，谁知道呀？"

这时，销售人员感到时机已到，于是销售人员说："噢，为保险起见——你们最好还是付订金买一套吧。一旦公司能发货就给你们运来。这一般要等一个月，甚至可能要两个月。"

两位丈夫赶紧掏钱付了订金。大约一个月以后，商品送到了他们家。

逆反心理可能反被利用

现在大多数人都不会全盘接受推销人员传递出来的信息，而是会进行整理、筛选。漫天的广告都是"这个产品最好""这个产品最棒"，我们消费者们相信吗？不，这一定是生产者在吹牛皮，不会有强烈的购买欲望。可是有的商家别出心裁，说到"这个产品一定有不一样的感觉，你信不信？"很多人看到这个广告好奇心大起，反而会抱着试试看的心态去购买。

我们都有逆反心理，体现在学习、工作等各个方面，也包括消费。逆反心理是客观环境与主体需要不相符合时产生的一种心理活动，具有强烈的抵触情绪。推销者说某些东西是不好的，往往我们就会偏执地认为是好的，非要拧着来。这就是通常说的逆反心理。

在市场中，我们的这种逆反心理同样会被销售者利用，有些销售者逆着我们的思维来，打破常理出牌，反其道而行之，经常有意想不到的效果。

在美国得克萨斯州有家牛排店，堂堂正正地命名为"肮脏牛排店"，令人望而生畏，又疑惑难解。可是那些不知底细的人，受好奇心的驱使，反而偏要"冒险"进店，一睹其中奥妙。店里故意用煤油灯照明，以造成朦胧的气氛，天花板上糊着厚厚一层人造灰尘，四周墙壁挂着东歪西倒的纸片，墙角还摆上几件破衣具，锄头、草鞋这类物品作为装饰。进店后使人感到几分古色古香，仿佛回到了200年前的世界。

该店还有一条奇特的规定：顾客进店一律不许系领带，否则"格剪勿论"。而好奇者偏偏结着领带走进该店，只见两位笑容可掬的小姐走过来，一人拿剪，一个拿锣，锣响剪落，领带当场被剪去一截。这时，又一位小姐上来递给顾客美酒一杯、吉祥纪念品一份，所值足以补偿领带。然后领带与名片被贴到墙上留念。这一招术，从未惹起过顾客的不快，反而让他们感到颇有情趣。

"肮脏牛排店"反其道而行之，达到了奇名、奇店、奇招的效果，店名不胫而走，名扬四海。

某某品牌新款汽车限量登场，某某时尚内衣限量上市，看多了这样的广告，人们不禁要问，这些商家为何要对产品进行限量上市，这不是自己给自己设置发财障碍吗？营销专家却普遍认为，限量销售是一种高明的营销方式，它不仅不会影响生产商的利润，相反还能为商家赢得更多的商机。

小李前几天去家乐福周年庆，大卖场内的出了个新产品——某品牌原味豆奶，在搞促销，广告牌上写着"每人限购两支"。不是吧，这个都要限购？小李原本不打算买豆奶的，看到这个促销活动也引起了兴趣，拿了两支，是限购的上限了。买单之后便喝了，还好，味道还不错，有点后悔没能买多几支，就打算有空再去买了。

要是没有"限购"这个宣传策略，小李也不会注意到有这个促销活动，也不会购买了。利用消费者的逆反心理，销售者往往屡试不爽。

浮动价格，先高后低

在激烈竞争的时代，企业不仅靠技术和资金来取胜，也需要采取高超的市场开发技巧，在商海中抓住商机，使自己游刃有余。

在对消费者报价时，有经验的商家绝不会担心因为价格报高了而无法成交，因为很多时候，即使价格报低了也不见得会成交，但只有价格报高才会有调整的空间，而价格报低则可能因此失去比赛权，因为客户是永远不会满足的。

很多企业家善于利用价格的悬殊进行推销。他们先是在对方心里安放一个价格太高的心锚，在对方心里设置悬念，再以一个低得多的价格来铲除这个悬念，让对方尝到好处。对方在心里一比较，觉得很实惠，就很容易决定购买了。

美国商人杰德森有一次找到某公司的经理，带着一个正好符合对方利益目标的方案。杰德森说："我们这里有个非常好的方案，它价值50万美元，而我们的转让费是30万美元。"不想那位经理说："遗憾的是，你开价30万美元，你的价格是不合理的。"

杰德森附和着说："您说得很对！这个价是不合理的。"然后，杰德森微笑着走了。

一个星期后杰德森又来拜访，"上次向您介绍的那个方案不用说正好满足您的要求，可是开价30万美元，实在太荒唐。为那件事我一直耿耿于怀，我一直想为您做点什么才好。一个星期下来，我遍寻名家高手，终于发现了这个方案，它绝对物超所值10倍。如果我能向您提供一个价格仅为75000美元，而效果又相当于30万美元的方案，您是不是觉得是件好事？"

那位经理当时见价格从30万美元降到7.5万美元，自然很感兴趣。他怎么能放弃一个以7.5万美元的代价获得价值30万美元服务的绝好机会呢？当下就签字答应了。杰德森轻易地完成了这笔交易。

这就是典型的"价格悬念推销"。利用商品价格的悬殊差价来诱惑顾客购买，是销售的一种技巧。形式可以多种多样，可以故弄玄虚，可以设置悬念，但真正的意图却是帮助顾客做出正确的决定，为顾客带来好处。

有人认为，用这种方式使人做出错误的判断、错误的决定，是一种低级的、没有道德的推销。任何事情都有两面性，看你是以什么样的方式去做，以什么样的角度去做。这只是一种销售手段，而不是一个骗局。如果你用这种方法去赚取不义之财，这是对自己人格的玷污。

先报出高价，如果顾客觉得价格太高，再降低价格。例如顾客买一套房子，因为每年顾客都要交物业管理费等，总数超过2000元。实际上只要签下合约，多少钱都是有赚头的。那么销售代表会假装悄悄跟你说，等会儿我把经理请过来，听说他昨天给一位客户朋友打到6折，看看能不能给你争取到，你看行吗？如果顾客说行，则就陷入了心理暗示圈套。顾客就形成了6折心理价位，而最后经理往往在7折做周旋，最后就落在6折附近，这就让顾客无法拒绝。

所以在要价时是有技巧的，先高后低，会让顾客觉得自己占了便宜，从而更容易达成交易。开价一定要高于实价，也许你认为这个问题很初级，但真的有许多销售人员是怕报高价的，他们害怕在一开始就吓走顾客，而永远失去机会，如果你对报高价心存恐惧，那读读以下的理由：一是在你报价之后，你可以降价，但不能涨价。二是你可能侥幸得到这个价格（在资讯发达社会可能性愈来愈小，但试试又何妨）。三是这将提高你产品或服务的价值（尤其是对不专业的客户）。

除非你很了解你的顾客，在无法了解你的顾客更多的情况下，开价高一定是最安全的选择。然后根据顾客的反映进行调整，才能保证自己的利益。

追求实惠的顾客最喜欢买一赠一

附加交易是一种短期的降价手法，其具体做法是在交易中向顾客给付一定数量的免费商品，这种方法的常见商业语言就是"买一赠一"。

"买一赠一"在日常经营中很常见，诸如房地产企业"买房赠空调""买房子送阁楼"等。这种附加交易也被快餐店广泛使用，例如在必胜客餐厅，客人如果在规定的店堂比较清静的时间里用餐，根据不同的用餐量，可以得到不同的免费饮料。

小刘经销的某减肥产品是杭州高端减产肥品的第一品牌，但高端减肥产品总体不景气，虽然有大量的广告投入或者有力的市场推广，市场表现都不是很理想。这款减肥产品虽然销量第一，但盈利不多。

在与各终端销售员、促销员的访谈中，小刘捕捉到这样一个信息：虽然销售员或促销员积极推荐，很多消费者很想买这个第一品牌的产品，但最后因为价格太贵，最终买了别的低端减肥产品。

于是，小刘他们代理了一个低端的减肥产品，当消费者嫌贵时，销售员就跟消费者说，买这个吧，这个便宜，效果也非常好。这样他们的终端资源就被充分利用起来了。

小刘试探性进了两千盒某低端减肥产品。结果，五一长假刚过半（从铺货开始计算，仅仅一个星期），货就卖完了！五月份销量直线上升，当月卖掉一万多盒，六月，七月，甚至到了八月，销量还一直在上升，平均每月卖到消费者手里的有两万多盒。而五月份他们只投了三万元的广告，到了八月份，一个月投了不到两万元，每个月还能够销售两三万盒！

小刘代理的这款低端减肥产品为什么会在杭州成功？产品形态、概念、价格上，它与市场上同等价位的二十多种低端减肥产品相比，没有任何过人之处，广告投入又是较少的。

原来在进行了竞争环境充分分析后，小刘在产品一上市就推出了"买三盒送一盒"，四盒是一个"疗程"。因为六月份以前，消费者都是尝试性购买，回头购买基本还没有形成，如果消费者只买一盒的话，减肥效果绝对不明显，消费者吃完一盒后，觉得没效果，就再也不会买你的产品了。那么他们一定要让消费者一次买够一个"疗程"，这样起到两个效果：消费者吃完四盒，感觉有效，会回头再买；消费者一次性购买量成几倍地增加。同时，他们给了销售员一个最好的推荐理由：这个产品正在进行"买三赠一"的活动，别的产品没有。你说你的产品是如何有效，消费者都是无法马上感觉到的，如果你说买三盒白送一盒，消费者是马上算出来的。因此，终端的达成率非常高。

从六月份开始，他们每个月都有地面促销活动。这些促销活动看起来没有太多的新意，但非常有效。举个例子，他们算了一下毛利率，在保证盈利空间的前提下，做了一个"减肥倒计时"的活动，周三买一盒送一盒，周四买二盒送一盒，周五买三盒送一盒。广告一打，几个主要终端纷纷排起了长龙，一天就销掉了存货！几个业务员忙于到处补货。

九月份减肥品的淡季到了，这款低端的减肥套盒在杭州的销售却没有下降。

由此可见，买几赠几的促销方法对顾客而言，还是很有杀伤力的。在搞促销活动时，赠品的选择很关键。赠品的选择有一定的讲究。赠品不是越贵越好，也不是越多越好。赠品要经济实惠，对顾客有用。如果赠品太贵，则成本太高，经营者就是在"赔本赚吆喝"；如果赠品对顾客来说没有价值、不实用，顾客就不领情，送了也等于白送。

赠品要与预售商品存在一定的关联。比如，卖厨房燃气灶之类的，可以搭赠小蒸锅、电饭煲等；卖高档名酒的，可以赠送精致的酒杯。一件赠品如果不能满足顾客对实用性的需求，必然没有吸引力。比如说，某位老年顾客购买了四瓶高档酒，售货员送其婴儿奶瓶一个，不但是受赠者，其他顾客也会觉得既不实用，又不伦不类。同时赠品要与促销商品的质量和档次相符，不能拿次品来做赠品，否则无法体现售出商品的价值。如果顾客购买了价值几千元的酒水，你送其一套价值2○0元的酒器，顾客可能会很高兴，而如果你选择赠送一次性纸杯，即使送给顾客10包，顾客也未必会买账。

中小零售店由于受经营成本影响，搞商品促销的机会不是很多。因此一旦决定搞促销活动，就要十分注意选择好赠品和促销时机，以取得最佳促销效果。在春节、国庆节等销售旺季，顾客消费集中，零售店之间的竞争比较激烈，在这个时机进行促销有利于在短期内聚集人气，提高销售量。

总之，搞商品促销活动要注意灵活应变，根据顾客的需求选择合适的赠品，选择恰当的促销时机。要根据顾客购买商品的档次、数量等派发不同的赠品，使赠品发挥应有的作用。

小礼物搞定大客户

人与人之间的感情，是在一点一滴、日积月累之中逐渐建立起来。

日本人最懂得赠送小礼物的奥妙，大多数公司都会费尽心机地制作一些小赠品，供销售人员初次拜访客户时赠送客户。小赠品的价值不高，却能发挥很大的效力，不管拿到赠品的客户喜欢与否，相信每个人受到别人尊重时，内心的好感必然会油然而生。若能把这些方法当作立身处世的方式，养成一种自然的习惯，相信走到哪里都会是一位受欢迎的人物。

柴田和子是位用小礼物俘虏客户的高手，拜访一些公司时会顺便买上几盒寿司前去，一进去便说："哇，今天也在加班，真是辛苦了。因为一年只来这么一趟，所以我特地买了这些寿司来，这可不是钱的问题，而是一路捧来的重量问题，各位了解我的心意吧！好了，这个办公室里还没有投保的人，请举手。

"看在我这寿司的分上，还有我远道努力捧来的这份情面上，总有几位要投保的吧！请帮我找一找。喂，请帮我把寿司搬一下，今天我可不空手而归。最近，我几乎不做个人保险，可是今天例外，我可要努力签几张保单回去。"

无独有偶，原一平则是运用来来往往的策略，让礼物发挥更大的作用。

"您好！我是原一平，前几天打扰了。"

"哈哈，瞧你精神蛮好的，今天可没又忘记什么事了吧！"

"不会的，不过M先生，今天请我吃顿饭吧！"

"哈哈，你真是太天真了，进来吧！"

"既然厚着脸皮来了，很抱歉，我就不客气啦！"

"哈哈！可别在吃饭时又想起忘了什么急事了。"

……

"谢谢您，真是一顿丰盛的晚餐。"

原一平向准客户道谢，告辞回家后，立刻写一封诚恳的致谢函。另外还买一份厚礼，连同信一起寄出去。

或许有人会批评原一平的做法：厚着脸皮硬要准客户请吃饭，这成何体统。可是太拘谨反而不好，"受人点滴，报以涌泉"，如果你吃了准客户一千元，回报他两千元的礼物，不就行了吗！

给客户送礼物，需要注意以下几方面：

1.送礼讲究的是心意，并不是越贵越好。有的时候不一定用钱买得到的就是最好的礼物，送礼要讲究投其所好，最能解决客户的需求的才是最好的礼物。

2.附上心意卡片。在客户的生日时，你送上一份贴心的礼物，即使只是普通的礼物，也要附上最诚挚的贺卡以表心意。最昂贵的礼物，不见得就能取悦于人，而一张游乐园的入场券，只要附上一张小纸条写明"我可没忘记你呢！"就可以收到预期的效果。

3.信息就是最好的礼物。日本企业流传一句话："向客户提供有用的信息，是业务员送给客户的最好礼品。"一份行业内刊，一本营销杂志，能给客户带来启发和帮助，这就是好礼品。

做销售就是做人的关系，关系需要维系，你发现没有，关系不经常维护，像颜色一样就会慢慢褪去，时常给客户送去些小礼物，一方面满足他被重视的心理，另一方面也满足了人都爱占点小便宜的心理，客户能不喜欢你吗？

超市水果香蕉摊位

有奖销售，吊足顾客胃口

有奖销售是最富有吸引力的促销手段之一，因为消费者一旦中奖，奖品的价值都很诱人，许多消费者都愿意去尝试这种无风险的有奖购买活动。

它是近年来在商业促销手段中运用最多的销售方式，它以场面热烈、回报率高、惊心刺激、内容丰富、形式多样等被众多商家反复应用。不同时期，用不同的形式、不同消费层次用不同的奖品赠品，针对市场状况，选择合适的促销方法，既宣传了品牌，又扩大了门店知名度，既树立了形象，又增加了收入。

有奖销售无疑会起到促销的作用，但是必须做到真正有奖，不能与宣传内容脱节，不能有半点虚假，奖品不能选择假冒伪劣的产品，有的专卖店又想造声势，做宣传，又不想多花钱，在选购奖品时，挑选同类产品中最便宜的作为赠品或奖品奖给消费者，当消费者回味过来以后，不但不认可你的促销活动，还会引起消费者的反感，给接下来的销售工作带来很多麻烦，结果弄巧成拙。

还有的商家用假抽奖的办法欺骗消费者，更是商家的大忌。比如在旺季到来之前搞有奖销售活动，广告宣传的内容是"名牌车，高回报，买一赠一大促销"或"红六月，火××（××是摩托车品牌名），厂商联合献爱心"，"火七月，买××（××是摩托车品牌名），厂商联合献真情"，凡是在促销月中购买商品的朋友，凭保修卡月底抽奖，一等奖一名，赠摩托车一辆，二等奖二名赠彩电一台，三等奖六名赠洗衣机一台，纪念奖若干名，赠摩托车专用头盔一个。到了月底，因对市场摸底不透，购车户很少，或者是宣传不到位等原因，售出的摩托车没几辆，如果按原计划开奖就会损失很大。为了不失信于消费者，就必须如约开奖。为了减少开支，可在奖品上做文章，因为没有明确赠什么型号、多少钱的物品，可以赠迷你小电视、普通洗衣机和头盔，这样可以大大减少开支。但不能采取推托的措施或耍赖的方法蒙骗消费者。有奖销售的形式很多（可参照有关文章），但不管用哪一种方式促销，都必须真实可靠，承诺了就要兑现，难兑现不要承诺。不成功的促销会带来很大的负面影响，这种影响在几年内是抹之不掉的，失信于消费者，就等于搬起石头砸自己的脚，受损失的是自己。

到位的广告宣传、积极的奖品筹备、店前的奖品展示、店内的促销气氛、店外的广告形式、员工的闲谈话语、亲朋的相互交往、网点的相互沟通都洋溢着有奖销售的神采，都展现着有奖销售的喜悦，方方面面都谈论着宣传内容，这样的有奖销售活动就会成功百分百，挣钱没商量。

有奖销售要有一个热闹的场面，外边宣传得红红火火，店前冷冷落落，店内无人问津，就会造成"消费心理落差"，使顾客乘兴而来，扫兴而归，有人问起"你到专卖店看了看摩托认为怎么样？"顾客一定会说："吹得震天响，看的人没有几个，不怎么样。"这种门前冷落车马稀的局面，会使消费者的购买热情一落千丈。为了避免冷场，就要未雨绸缪，事先布置，可采用"横幅条幅一起挂，各种小旗到处插，音箱喇叭天天响，精美礼品随时发"的策略，烘托门店气氛，创造热卖氛围。

折价促销，折本赚吆喝

所谓折价促销是指通过降低商品价格，以优待顾客的方式促进销售。此种促销方式可以提高消费者对商品的关注程度，在促进销售方面极为有效。它对短期销量的提升具有立竿见影之效。因此也常是被商家运用的促销手段。

价格往往是消费者选择商品时主要考虑因素。特别是产品同质化比较严重的今天，在品牌形象相差无几，服务手段也无太大区别时，价格影响力因素就显得尤为重要。

折价促销可以说对消费者来说冲击力最大，是最原始，也是最有效的促销武器。因为消费者都希望以尽可能低的价格买到尽可能优质的商品或享受更好的服务。它经常作为短期增长业绩，减少库存，加速资金回笼的手段。但不能长期作为开发客户的手段，只能在短期内增加销量，提高市场占有率。

商家可以根据不同产品库存数量及允许的范围内设计折价促销时间、方式及折扣率。其先期的准备时间和准备工作量也相对其他促销方式要少，并易于先期做成本估算。调整价格或打折促销毕竟是市场竞争中最为简单、最为有效的手段，为了抵制竞争者即将入市的新品，及时利用价格吸引消费者，使他们陡增购买量和接受你的服务。通过直接折价不能塑造"消费者能以较低价格就可以买到较高价值的产品"的印象，能够淡化竞争者的广告及促销力度。

折价促销，特别是直接折价，最易引起消费者的注意，能有效促使消费者购买，特别是对于日用消费品来说，价格更是消费者较为敏感的购买因素。折价促销能够吸引已试过的消费者再次购买，以培养和留住既有的消费群。

假如消费者通过已借用、样品赠送、优惠券等形式试用或接受了本产品，或原本就是老顾客，此时，产品的折价就像特别为他们馈赠的一样，比较能引起市场效应。

折价促销是超市使用频率最高的促销活动，它通过使用折扣券、商品特卖或者限时折扣的方式，让消费者以低于商品的价格购买商品。折价这种促销方式可提高消费者对零售点商品的关注度，在促进超市的销售方面极为有效，它对短期销量的提升具有立竿见影的效果。

折价的促销效果也是比较明显的，因此常作为企业应对市场突发状况，或是应急解救企业营销困境的手段，如：处理到期的产品，或为了减少库存、加速资金回笼等。为了能完成营销目的，营销经理也常会借助于折价做最后的冲刺，不过，这样做只能在短期内增加产品销量，提高市场占有率。

我们经常会看到超级市场在特定的营业时间内提供优惠商品销售的措施，以达到吸引顾客的目的。

北京超市发超市连续多年创造了不俗的经营业绩，在同商圈的超市竞争中，始终处于领先的地位。除价格优势外，该超市采取的灵活多变的应季性营销手段产生了良好的效果。2000年夏天，北京天气异常炎热，到了晚上居民不愿闷在家里，纷纷来到室外消暑纳凉，该超市适时推出了"夜场购物"，将超市的闭店时间从原来的晚9点半延长至晚12点，同时，在这一时段，将一些食品、果菜等生鲜品类打折销售，既为附近居民提供了纳凉的好去处，又低价促销了大量日配商品，很快就赢得了广大消费者的欢迎，也吸引了不少附近商圈的居民来此购物，此举使其在这一商圈的同业竞争中一举胜出。

超市也经常会发折扣券，顾客能在指定时间内到超市购物享受一定的折扣优惠，超市折扣券的使用通常在于扩大影响力。超市通过登门拜访、街头拦送方式将折扣券送到消费者手中。这种方式的优点是折扣券的送达率能够充分保证，而且由于超市在发送折扣券时，对于发送对象是有选择性的，通常是商圈范围内的消费者，因此，使用率也会相应提高。

江苏好买得超市以会员为对象，以月为单位展开DM商品宣传，并把每一期的DM商品录入电脑，在每次活动结束后，从电脑中跟踪分析DM商品的销售、毛利同比，销售、毛利份额比，会员购买比例、折让比例与销售上升的比例等指标，以此来分析顾客的潜在需求、顾客对价格的敏感度，检查DM商品的组合策略、定价策略，进而为调整DM商品组合、促销价格的制定提供决策数据。超市对DM商品的制定、调整与销售，已带来了回报：公司会员消费比例由原来的15%上升至50%，DM商品的销售占总销售的份额由原来的4%上升至现在的9%左右，会员价商品的比重由原来的12%增加到72%，总销售额也日攀新高。

因为价格往往是消费者选购商品时的主要决定因素之一，特别是在产品同质化高、品牌形象相关无几时，价格的影响力就显得更大。因此，越来越多的厂商用这种方式来进行产品的推广和促销，并且效果显著，立竿见影。

戴高帽，把顾客逼上"绝路"

清朝末年著名学者俞樾在他的《一笑》中，讲过这样一个故事：

有个京城的官吏，要调到外地上任。临行前，他去跟恩师辞别。恩师对他说："外地不比京城，在那儿做官很不容易，你应该谨慎行事。"官吏说："没关系。现在的人都喜欢听好话，我呀，准备了一百顶高帽子，见人就送他一项，不至于有什么麻烦。"恩师一听这话，很生气，以教训的口吻对他的学生说："我反复告诉过你，做人要正直，对人也该如此，你怎么能这样？"官吏说："恩师息怒，我这也是没有办法的办法。要知道，天底下像您这样不喜欢戴高帽的能有几位呢？"官吏的话刚说完，恩师就得意地点了点头："你说得倒也是。"

从恩师家出来，官吏对他的朋友说："我准备的一百顶高帽，现在仅剩九十九顶了！"

这虽然是个笑话，但却说明了一个问题，就是谁都喜欢听赞美的话，就连那位教育学生"为人要正直"的老师也未能免俗。

按美国著名心理学家马斯洛的需要理论来解释，是因为人都有获得尊重的需要，即对力量、权势和信任的需要；对名誉、威望的向往；对地位、权力、受人尊重的追求。而赞美则会使人的这一需要得到极大的满足。正如心理学家所指出的：每个人都有渴求别人赞扬的心理期望，人一被认定其价值时，总是喜不自胜。由此可知，你要想取悦顾客，最有效的方法就是热情地赞扬他。

人们之所以喜欢高帽，是因为我们每个人都渴望被赞美和肯定，而高帽正好迎合了人们的这种欲望。高帽运用得好，便能将别人掌握在自己的手中。据说，美国钢铁大王安德鲁的成功秘诀之一，便是善于给员工戴高帽。他不放过任何机会，给下属送高帽。通过给员工戴高帽，牢牢牵住员工的心。

许多商店的售货员为了扩大销售，也很会给顾客戴高帽。某位小姐在柜台前试穿衣服，旁边的售货员就会说，您穿这件衣服真漂亮，既高贵又典雅，您走在街上也许有人会认为您是哪位明星……直到这位顾客乐呵呵地买下这件衣服。

在赞美顾客时注意要具体明确赞扬，就是在赞扬顾客时，有意识地说出一些具体而明确的事情，而不是空泛、含混地赞美。要让人感到真诚，有可信度，没有明确而具体的评价缘由，会令人觉得不可接受。因此，有经验的推销员在赞扬顾客时，总是注意细节的描述，而不空发议论。

人都有一种希望别人注意他不同凡响之处的心理。赞扬顾客时，如果能适应这种心理，去观察发现他异于别人的不同之点来进行赞扬，一定会取得出乎意料的效果。我们称这种方法为"观察异点赞扬"。

卡耐基就常用这种方法来赞扬他人。他在《人性的弱点》一书里便讲述过有关的一件事：一天，卡耐基去邮局寄挂号信。在他等待的时候，他发现这家邮局的办事员态度很不耐烦，服务质量差劲得很。因此他便准备用赞扬的方法使这位办事员改变服务态度。当轮到为他称信件重量时，卡耐基便对办事员称赞道："真希望我也有你这样的头发。"听了卡耐基的赞扬，办事员脸上露出了微笑，接着便热情周到地为卡耐基服务起来。自那以后，卡耐基每次光临这家邮局，这位办事员都笑脸相迎。

卡耐基真不愧为语言大师，在此情形下，竟能想出如此高妙的赞美语言，让那位面如冰霜的办事员改变了态度。就当时的情形看，如果赞扬他工作热情，办事员肯定会认为这是卡耐基在对他进行挖苦、讽刺，若是批评他服务质量差，他又很可能破罐子破摔，服务态度更恶劣。

第六章

营销员为什么拍巴掌、喊口号 ——消费者的购买情境

购物时的情绪会对我们所要购买的商品产生巨大的影响。如果不信的话，试试空着肚子去逛超市吧！你会发现，你会购买比预算多得多的食物。情绪会受天气、店面设计、音乐或是其他对消费者而言较为特别的因素的影响。在愉快的情景中保持一种高涨、欢腾的气氛是很多主题公园、大型卖场赖以成功的因素之一。

服务和购物环境对消费者心理的影响

1.购物氛围

"302"是日本一家专门生产小商品的企业，与日本的大企业相比，并不有名，但它的小商品却在国内外影响很大，其触角已伸向书刊、电影、饮食等行业。该企业之所以成功的一个重要原因是善于营造艺术氛围，"让人们在欢乐的气氛中购物"，为此，他们逐步投资改造其零售商店和专营商店的购物环境。如1989年改建的"船木齐商店"就令人耳目一新，整个建筑似一座古城堡，一进剧场式的狭长入口，童话般的世界立即展现在人们眼前，令人心驰神往，这里除了琳琅满目的小商品外，还有剧场和儿童游艺场，每天前来游玩、购物的人们成千上万，商店销售额比改建前提高了3倍。

2.商品的陈列

不要小看商品的陈列，橱窗和柜台中商品的陈列很有学问。根据时间差异进行不同的商品陈列，会收到意想不到的效果。

日本日伊高级百货商店，经过认真细致的市场调查后发现，到这个百货商店来的80％是女人，男人们多半是随着女人来的。而这

水果味饮料罐装

些女人中，白天来的大部分是家庭主妇，而下午五点半以后来的大多数则是刚下班的白领。针对这一情况，他们决定陈列商品要区别对待这两种女人，改变了原来商品陈列一成不变的方法，根据不同的时间更换不同的商品，以便迎合这两种女人的不同需求。

白天，这个商店摆上家庭主妇关注的衣料、内衣、厨房用品、首饰等实用商品，一到五点半，就换上充满青春气息的商品，光是袜子就有十几种颜色，摆出年轻人喜欢的大胆款式的内衣、迷你裙等等。下午5点半钟以后，凡是年轻小姐需要的商品应有尽有，而儿童用品等统统收起来。这一经营方式收效很大，3年多的时间，日伊高级百货商店的分店便遍布全日本，达102家。

3.店容店貌

开店做生意，店容店貌是仅次于货品质量的重要因素。美国麦当劳快餐店现在遍布全球，其成功的一个重要原因是：它属下的各个分店永远保持最高的清洁标准。在饮食方面，有点文化的人，对味道不佳尚可忍受，但面对黑乎乎、油兮兮、桌上桌下全是剩饭残骨的肮脏环境，简直就忍无可忍。如果两间饭店并立，门面差不多，装修差不多，价格差不多，但一间整洁干净，一间四布污垢，如果是你的话，你会迈脚走进哪一家？结论是显而易见的。

商品包装对消费者心理的影响

消费者在购买商品尤其是大宗商品的过程中，最关心的是质量。质量是企业的生命。世界著名企业之所以具有强大的生命力，很重要的一点，就在于它们始终围绕着质量这一主题，以质量求生存，以质量求发展。

美国梅塔格公司的最高目的，是要使它的任何一台机器做到"运转十年无故障"。洗衣机已位于产品生命周期的后期了，它现在已经可以算作普通商品，跟小麦或炸土豆片一样。可是梅塔格公司却一心一意抓可靠性，赚回了整整15%的价格贴水，同时在竞争中跟像通用电气公司这样的强硬对手对阵，仍能保住最高的市场份额。

然而，随着商品社会竞争的加剧，"颜值担当"也是很多消费者选择的重要标准。有许多产品质量很好，但受粗劣的外包装所影响，卖不了好价钱，甚至根本推销不出去。

在国际贸易中，人们把包装称为"无声的推销员"，看来是恰如其分的。

商品包装总的作用是要做到牢固、适用、经济、美观。这就是说，包装的用料和设计，既要起到美化商品、宣传商品的作用，又要适合商品的特性、适用不同的运输方式和气候条件变化的要求，还要注重经济合算。这样才能达到包装的目的，使它保护商品的安全和完好。

要搞好商品的包装，必须做到适应市场的销售习惯和消费水平。各种不同的商品，对包装的要求是不一样的。如对原料性商品，只要强调包装的稳固和便于装卸运输即可，对于直接投入零售市场的商品，则要求既能美化商品和体现商品的特性，又要适于销售和消费者的使用和携带。在包装设计上，还要注意不同市场的风俗，在图案和色彩上，以至文字说明上，都要恰当。

推出不同号码，迎合多样需求

顾客虽然都有着共性的需求，但每位顾客的需求是有差异的，这个差异就是个性化需求。顾客之所以有个性化需求，是因为顾客有年龄、性别、身份、知识素养、工作的忙闲、身体健康状况等许许多多的不同所致。因此，应满足顾客个性化的需求，其实服务的最佳境界就是满足顾客的个性化需求。当所有顾客的个性化需求满足了，顾客自然也就满意了，服务工作也就真正做到家了。比如，有行动不便的老人或残疾人购物，可以提供电话购物，大小商品都送货上门服务；对工作繁忙的无暇购物者，除开辟电话购物外也可进行网上购物，在约定的时间送货上门；对与众不同的顾客可开展订做特体衣服鞋帽等穿用商品服务；大百货店可为顾客提供行李车，可提供母子购物用车；可提供礼仪送货上门服务等。总之，顾客有什么个性需求，只要是合理合法的，都尽量满足。

在纽约一家饭店里，一位挑剔的女顾客正对服务员说："我要热苹果派，不要把冰淇淋放在上面，要单独放在里边。另外我还要一份草莓冰淇淋，不要生炒的。如果没有，我要现做的罐奶油……"

就像美国消费者协会主席艾拉马塔沙所说："我们现在正从过去大众化的消费进入个性化消费时代，大众化消费的时代即将结束。"现在的消费者可以大胆地、随心所欲地下指令，以获取特殊的、与众不同的服务。哪怕部分消费者总体上倾向于和大众保持同质化的产品或服务消费，但也期望在送货、付款、功能和售后服务等方面，供货方能满足其特别的需求。

出现个性化消费，一是由于人们消费水平不断提高，价值观念日益个性化，进而要求产品的"文化色彩"或"情感色彩"浓厚，能体现主人独特的素养。二是产品越来越丰富，供大于求，消费者可以在众多的同类产品中随意挑选。所有这些，向营销者提出了新要求，企业要生存和发展，就要具备个性化的营销能力。

传统的目标市场营销能满足不同消费者群的不同需要，但它主要着重同一消费群体对某一商品属性的共同要求，而不是每个消费者与众不同的特殊要求。这就决定了它对个性化需求的满足不充分。

现代市场营销观念，就是"顾客至上""顾客永远是正确的""爱你的顾客而非产品"的思想。而个性化营销是满足以顾客个性化需求为目的的活动，要求一切从顾客需要出发，通过设立"顾客库"，与库中每一位顾客建立良好关系，开展差异性服务。

在竞争日益激烈的市场上，谁的产品最能满足顾客需要，谁就最终赢得市场。而个性化营销是顾客根据自己的个性需求自行设计、改进出来的产品，是顾客最满意的产品，如海尔提出了"您来设计我来实现"的新口号，由消费者向海尔提出自己对家电产品的需求模式，包括性能、款式、色彩、大小等，产品更具适应性，更有竞争力，也就牢牢占据了市场霸主地位。

在传统的目标市场营销中，消费者所需的商品只能从现有商品中选购，消费者的需要可能得到满足，也可能得不到满足，这时消费者只能选择与自己的理想产品最接近的商品将就一下。而在个性化营销中，消费者选购商品时完全以"自我"为中心，现有商品不能满足需求，则可向企业提出具体要求，企业也能满足这一要求，让消费者买到自己的理想产品。如上海有一家"组合式"鞋店，货架上陈列着7种鞋跟、9种鞋底，鞋面的颜色以黑白为主，搭配的颜色有50多种，款式有近百种，顾客可挑选出最喜欢的各个部位，然后交给店员组合，前店后坊，只须等上十几分钟，一双符合顾客个性的新鞋便可到手，顾客很满意。

如果和消费者保持长期的互动关系，企业能及时了解市场需求的变化，有针对性地生产，不会造成产品积压，缩短了再生产周期，降低了流通费用。另外，个性化产品使产品需求价格增加了弹性，售价提高从而提高单位产品利润，企业经济效益自然凸显。

企业可以进行"一对一"生产。先让消费者设计出产品构图或模型，然后厂家照葫芦画瓢地把产品加工出来。消费者自己动手做，如厂家把零部件卖给消费者，同时附上组装说明书，消费者买了这些零部件后，自己动手组装成最终产品。这种方式之所以可行，是基于人们对"自己的劳动成果"的特殊感情和动手过程中享受到的乐趣。运用于劳动强度小、较悠闲有情趣的产品。厂家设计的产品，花色、品种、款式、型号尽可能多，供消费者在这个范围内自己选择，找出最适合自己的一个。

顾客的需求是多种多样的，只有满足顾客不同的需求，企业才能取得长远的发展，才能在激烈的竞争中占据一席之地。

想顾客之所想，把舒适送到心里

所谓众口难调，虽然顾客的需求各种各样，但作为顾客都有一个共同的购物心理，只要我们懂得了这个道理，就可预先考虑顾客需要什么。比如，顾客在烫发后，我们还可以问顾客是不是需要做一个营养焗油。

为顾客服务不仅要为顾客解决问题，而且要给顾客快乐的心情，带给顾客美妙的感觉。

每个顾客的能力都是有缺陷的，何为顾客能力缺陷？比如，顾客买大件商品，如冰箱，仅靠顾客自身的能力搬运起来就非常费劲。因为，一般顾客没有能力搬运，包括没有运货汽车，搬不上楼，甚至没有能力卸掉外包装。若找车辆，找司机，再找一两个人搬运到楼上的家里，不仅不少花钱，而且非常麻烦，还搭上了人情。因此送货上门自然也就成为商家争夺顾客的重要手段。这是针对顾客的能力缺陷。蓝岛在这方面做得比较突出，率先在京城提出实施无远近送货上门，不仅送货到家，而且要到位。即把冰箱不仅送到家里，也送到了顾客要放置的位置。

顾客的能力缺陷不仅是指力量上的缺陷，还有专业技术技能的缺陷。随着社会的发展，商品的知识含量和科技含量越来越高，顾客不可能都是专家能手，对所购置的商品可能不会使用，甚至使用不当，造成一定的损失。此时，作为商家就应当针对顾客专业技能上的缺陷及时提供相应的服务，解决顾客的烦忧。

想顾客之所想，把舒适送到顾客心里，服务不是唱出来的，应是做出来的，让顾客切实感受到的。因此，套用一句歌词就是，"说到不如做到，要做就做最好"。真正把服务附加到商品上，使顾客购买到商品的同时，也买到了服务，即使商品的价格不低，也要顾客切切实实感受到物有所值，物超所值，达到增强商品竞争优势的目的。

目前，许多大商场，在服务附加上，大多是说到做不到，承诺得多，兑现得少。然而，承诺把顾客的心理预期吊了起来，因此，顾客在心理预期得不到满足的情况下，就会认为商家是在搞欺骗宣传。商家的形象将大打折扣。其实，商家的主观愿望是好的，没有欺骗顾客的意思。

事实上，许多人在服务时，并不了解顾客的需要和期望，不了解顾客迫切需要的是什么样的服务，结果往往不是很好。就如一对夫妻相处时，妻子需要的是丈夫的关心、呵护、疼爱有加，但丈夫并不理解而只给她买钻戒和鲜花，实际上不管买多少礼物给她，都替代不了心灵的关怀。因此，把握市场需求，想顾客之所想，才能在激烈的竞争中占有一席之地。

北辰购物中心对顾客的研究表明，"一次购齐，一次观赏齐"是大多数消费者所需要的。为了有效地满足这种需要，北辰购物中心确定了很有特色的商品组合。他们把商品分为两个大类，即生活必需品和差异品。生活必需品主要包括超市中的食品、日用百货、部分文化用品、家用小电器等；差异品主要包括服装、工艺品、家居用品之类。

为满足消费者对必需品一次购齐的要求，有关商品部就得在有限的面积内，既要尽可能地摆足旺销的品种，又要照顾到需求量不大但总有人需要的连带品种。因为没有连带品种就会影响到顾客对商店的印象，影响客流量，从而影响到旺销品种的销售。

为了满足消费者对差异品一次观赏齐的要求，他们对消费者看重的品牌商品，在类别、品种、品牌和价位的组合上采取措施，给消费者以充分比较选择的余地；对于以流行时尚为主要特征的差异品，他们组货时则以面料、时尚、质量为选择标准。

更为重要的是，各商品部有权随时根据顾客需求调整品种组合。比如，食品部了解到北京人爱吃炸酱面，但北京本地产的酱太咸，就选择购进天津产的口味比较淡的酱和甜面酱销售；医药部从记录顾客需要而本部未能提供的药品入手，发现顾客对保健品的需求与媒体广告同步，就及时调整保健品品种以满足顾客的需求；文化部在手机经营中，发现顾客需要较多的品牌比较，就在一家经销商的基础上，又引进了一家经销商，增加了更多的品牌，从而使销售额增长了数倍。

现在是一个快节奏、高效率的时代，时间很宝贵。因此，我们在为顾客服务的时候，首先要考虑如何节省顾客的时间，为顾客提供便利快捷的服务。所以，设身处地为顾客着想，以顾客的观点来看待商品陈列、商品采购、商品种类、各项服务等，才会让顾客感到方便满意。

总之，要把最大的舒适送给顾客，顾客才会给我们以肯定，才会让我们的生意更好做。

不同群体分类，不同舒适标准

对于一个经验丰富、老练的销售人员来说，她们往往能够从一群人中一眼就判断出谁是真正的顾客、什么样的顾客，应该如何接待。而对于一般的销售人员，可能会经常遇到这样一种情况：在使出浑身解数，说得口干舌燥之后，才发现费尽心力所说服的顾客根本就不是"真正的顾客"。所以，销售人员必须慧眼独具，把握好不同顾客的消费动机和心理特征，采取不同的接待技巧，可以有效的提高成功率。

根据年龄层次，我们一般将消费者分为老年顾客、中年顾客和青年顾客三种类型。

老年顾客对原有的东西比较留恋，对新产生的东西常常持以怀疑的态度，一般是受家人或亲友的推介才能接受新生事物，但心理稳定，认定的事情不会轻易放弃更改。他们一般是希望质量好，价格相对低；但决策行为缓慢，多比较，喜欢问长问短，对销售人员接待的态度反应非常敏感。对于这类阅历丰富的老年顾客，我们要主动出击，诚心以待，当好参谋，减轻对方心理负担，如代客交钱、包装好物品并送货上门等。同时要注意在交流过程中把握好：音量不可过低，语速不能过快，态度要和颜悦色，语气要表示尊敬，说话内容要表现谦虚，做到简单、明确、中肯。让他们对你形成一种依赖感和信任，这样的客户群一旦形成消费决策就不会轻易改变。

中年顾客相对来讲是属于理智型的，他们一般不会轻易相信别人的建议和主张，那样他会感觉没有面子，而是要在赞同他的基础上再加以拓展。这个年龄段的顾客分两种，一种是高薪阶层的，对他们就要强调消费档次、品位和审美；一种是收入一般，我们需要强调的是品质、价格和服务。

青年顾客具有强烈的生活美感，对价格表现得比较淡漠，而是一味地追求品牌、时尚、新颖、流行，往往是你新品推出的第一批消费者。消费具有明显的冲动性，易受外部因素影响，易受广告宣传的影响，也是二次消费最多的群体。所以我们要迎合此类顾客的求新、新奇、求美的心理进行介绍，尽量向他们推荐公司产品的流行性、前卫性，并强调公司新产品的新特点、新功能、新用途。

优柔寡断型的人往往在销售人员长时间地反复说明解释后，仍优柔寡断，迟迟不能做出决策，有时甚至在做出购买决策后仍犹豫不定。对于这类顾客，销售人员需要极具耐心并多角度讲解，并要注意有理有据，有说服力，切忌信口开河。

针对不同群体不同的舒适标准，零干扰服务是一种不错的选择，它是新兴的商业服务观念，意指企业在提供销售服务的同时不对顾客构成干扰和妨碍，为消费者提供适时、适度的服务。消费者的购买活动通常按照一定的时间顺序，经历一定的过程。零干扰服务注重"时"与"度"的有机结合，强调在最合宜的时间为消费者提供适度的服务，体现了服务质量的更高层次和服务水平的更高境界。

与传统的销售服务方式相比，零干扰服务更充分地体现了现代服务"以人为本"的理念。现代消费者更加注重精神的愉悦、个性的实现、感情的满足等高层次需要，而零干扰服务正是从消费者角度出发，以他们的需求、兴趣、心理等作为服务的基本出发点。它强调充分发挥消费者在购买过程中的自主性、主动性，提高购物热情。此外，消费者直接面对商品，自主进行选择，从而在很大程度上摆脱了对销售人员的依赖，大大减少了相互之间产生矛盾和冲突的机会。而且零干扰服务所体现出来的对消费者的信任感和尊重感，使整个购买过程更加人性化，更富有人情味。所以在零干扰服务过程中，消费者的心理状态是放松的、自由的，能最大限度地得到自尊心理的满足，这也是现代生活条件下顾客产生购买行为的必要前提。零干扰服务可以实现"服务创造顾客"这一目标，即不仅在最大限度、最高层次上满足消费者的需要，也要为商家带来利润。

实现零干扰服务，要求销售人员"看人行事"，以识别顾客为第一要事。要针对消费者各个购买阶段的心理活动特征，采取相应的销售服务方法和技巧，提供适时、适度的服务，而不妨碍消费者的行为自由度。

现代商业企业的竞争焦点主要表现在服务的竞争上，谁能提供高质量、高境界的服务，谁就掌握了驾驭市场的主动权，就能在日益激烈的市场竞争中发展壮大。

让消费者感觉自己"买得值"

何为物有所值、物超所值呢？就是人们的心理比较优势，人们在购买商品时，心里感觉付出的价款值得。

人们对利的需求是首要的需求。人们往往有这样的思维误区，即把人们对利的需求片面地理解为买便宜东西，买价格低的商品。其实，"利"并不仅指形式上的价格低廉，而是指物有所值，物超所值。目前，许多商家为了满足人们对利的需求，拼命地打折促销，打来打去，即使货卖出去了，也没有赚多少钱，丢掉的不仅是利润，甚至可能是信誉。等到扛不住的时候，也只好关门谢客了。

何为物有所值、物超所值呢？就是人们的心理比较优势，人们在购买商品时，心里感觉付出的价款值得。比如，同样的一件衣服，放在自由市场里卖，100元人们嫌贵，放在高档的大商场里卖300元，人们也许认为便宜。因为大商场附加了许多自由市场不可能附加的服务内容，如购物环境、可靠程度、信誉度、服务质量以及心理上的感觉等等，而这些本身就是有价值的。尤其在当今物质满足程度较高的情况下，这些物质以外的满足更重要。所以利不是简单的价格低廉，而是人们在主观上认为物有所值、物超所值，是人们在权衡比较一番后愿意付出的价款。当然，要满足人们对利的需求，使人们感到物有所值、物超所值就要突出产品的功能。

在销售时，应避免直接进入产品，片面强调产品的本身如质量、外观等，因为消费者之所以购买，并不是因为产品质量好，外观漂亮，而是因为他有着某种需求。因此，这时应重点推销核心产品部分，即推销产品的功能，要强调消费者购买你这一产品后所能得到的满足。这样才能引起人们的注意和兴趣，激起他的购买欲望，为最终成交打下基础。有些企业现在十分重视这一点。如有个化妆品公司就要求其推销员接受"我们在工厂中生产的是化妆品，但我们销售的是美貌"这一观念，这就是在教导他们推销时要注重产品的功能推销，要从产品功能与需求满足这方面来寻求推销的突破口。

销售人员在销售产品时要正确评价产品的功能、价值、质量。掌握分寸，进退有度，任何话说过了头，都会起到相反的作用。推销员只有掌握语言的分寸，才能使表达逼近真实，才能使人们产生信任感。语言过于直白，缺乏感染力，过于夸张，容易让人产生逆反心理，在直白与夸张之间掌握一个度，就是语言的分寸艺术。

要让人们明白产品的特别之处，宜言简意赅，突出重点，而不要长篇大论，言不达意，甚至表错情，说了半天人们还不知道你的产品有什么功效。在突出产品性能时，一是注意加强语气，注意声调；二是注意选择适当词汇，最好是选择有鲜明感的词汇。这样才能很好地辅助产品的销售。

赞美听得越多，钱包瘪得越快

过去曾以事先决定商店和商品后再去买东西的目的性顾客为主流，这些顾客一旦决定某一商店或商品，如果没有什么特殊理由，是不会改变主意的，但是，现代顾客对于购买东西的感觉发生了深刻的变化，平时闲逛商店的顾客，有时也会突然购买高档商品，或者为将来的购买寻找目标，这些虽说是随意性很大的闲散型顾客，但能否更多地吸引这类顾客将决定其营业额的高低。

小霞在一个珠宝城上班，下午刚接完班，一对穿着比较时尚的中年夫妇进来，走近了彩金柜。小霞微笑着上前向他们打招呼："请问您是看戒指还是项链？这些都是刚回的新款，您不妨试戴一下。"他们没有说话，径自看商品。她紧接着问："请问您是自己戴还是送人啊？"这时女士才搭话。原来，她和她老公结婚十周年纪念日，老公想给她买一件礼物。

"您真有福气，老公对您可真好。您的皮肤保养得这么好，这条彩金套链能够体现您的肤质和气质。"说完，小霞赶紧从柜台取出这条项链给她试戴。"虽然好看，但是不保值，以后换货不划算。""彩金有很多好处，不但工艺好、不变形，款式时尚，而且常戴常新，结婚周年买的礼物都是非常有纪念价值的，想必您不会把这么有意义的礼物拿来换吧？！"女士笑着说："话虽有道理，但它还是没有黄金保值。"小霞接过女士的话说："想必您已有黄、铂金首饰了，可您为什么不戴呢？是不是因为它的传统款式令您不满意？而我给您推荐的这款彩金项链正符合了您追求品位、追求高雅精致生活的愿望。"小霞一番介绍，令这位女士已有所触动，但他们仍要去看黄金。小霞欣然带他们到"黄金阁"，但他们没有挑选到满意的款式，之后他们便去了街道对面的一家商场。

大约下午五点，这对夫妇又来到小霞的柜台。女士笑着对她说："还是你的眼光独到，别人介绍的都不适合我，就拿中午那条项链吧。你再帮我介绍一款戒指，我相信你的眼光。"之后，小霞领着他们交款、办理会员卡、领抽奖券，并给了一张K金保养卡，一系列的售后服务完成后，女士说："谢谢啦，你的嘴巴真甜啊！我们就是冲着你的服务来的。"

古人云，"良言一句三冬暖"。通过这个销售案例，小霞体会到，在销售过程中，通过与顾客沟通，了解到顾客购买珠宝首饰的动机之后，适度地赞美顾客犹如锦上添花，有利于促成销售，也使顾客在拥有精美首饰的同时享受到购物的愉悦。

人际关系中有一条原则，当有求于别人时，先对其加以恭维，往往能达到目的。做广告是为了促使顾客来购买商品，从这一点上来说也是有求于人，因此，有的厂商就采取这样一种传播技巧：先

消费者排队抢购

恭维顾客，让其虚荣心得到满足，从而使顾客乐于掏腰包。例如，现时关于牛仔裤的广告多如牛毛，大都夸自己牛仔裤的质量是如何好。有一则广告则不同，画面是一个人穿着一条不大合适的牛仔裤。广告标题为："您的身材美极了，只是您的牛仔裤不成比例。"显然是在恭维顾客。接着巧妙地对顾客加以赞美：

在比例错误的牛仔裤包裹下，再美的身材也会变形。这就是为什么要穿能展现您最好的一面的牛仔裤的重要性。

试想，在广告宣传的这番赞叹之下，顾客能不产生飘飘然的感觉？可见，此则广告抓住了人性的弱点，一顶高帽子抛出，轻轻松松便牵引住了顾客的感情。而一旦顾客对你产生好感，叫他掏钱还是难事吗？

节目主持人恭维观众，可以赢得掌声；政客恭维民众，可以赢得选票；商家恭维顾客，可以赢得生意；恋人恭维心仪的人可以赢得爱情；学生恭维老师可以赢得器重；下属恭维上司可以赢得升迁；谈判桌上恭维对手可以赢得合作……恭维的好处何其多呀！

没有哪一个人不把自己看成世界的主角，没有哪一个人不喜欢听赞美的话，要学会赞美和恭维顾客，包括他的学识、长相、气质、穿着，随身的人和小孩。

适当的赞美，可使顾客敞开心扉。因为，导购与顾客的关系，原本就应该是一种快乐的关系。顾客从导购那里得到的，不单是商品和服务，还应该得到快乐。

六月小姐走进一家时尚围巾店，她反复试系着一条围巾。一位面带微笑的店员及时地走了过来，用赞美的目光看着这位女士，并对女士说："小姐，您系这条围巾很好看！"

六月小姐买下了这条围巾。

六月小姐事后还夸奖这位店员："她说话的声音很好听。我系着那条围巾，有了更好的感觉。"

还有一个类似的例子。

小李在一家风味餐厅工作。顾客点完菜，小李看着菜单说："不错的选择，您点的菜非常好，也正是我所喜欢的。"

顾客对小李的认同感到高兴。

顾客说："谢谢，我会更好地享用这顿晚餐。"

恭维是一种姿态，是示好，是一种友善，是释放善意。陌生人初次相见，恭维对方几句，表明对对方的尊重，缓和一下气氛，沟通一下感情，不失为一种明智的选择。因为恭维是润滑剂，能调剂紧张的情绪，消除敌对和戒备，拉近彼此之间的距离，给人以亲善感，使人觉得可以倾诉、交往、信赖和依靠。

从众心理让大家都来买

先给大家说一个在零售商场购物的场景——

一名顾客在柜台旁看商品，销售员热情地跑过来问"先生要买什么，我可以帮你"，结果顾客说"我随便看看"，于是离开了柜台。一会儿柜台又来了一群人来买，大家叽叽喳喳地询问销售员。过不了一会儿就有一人掏钱买下了一个，于是其他人纷纷准备购买。这时候，先前的顾客又出现了！他在旁边认真地听着，看着，还拿起了商品反复看。结果他说："喂，给我也拿一件！"

这是实际发生在每一个柜台上的故事，是你、我、他都可能存有一种购物时的习惯，那就是从众心理。

你在挑选商品的时候是不是也有这样的从众心理呢？你在购买时所关注的是商品的什么呢？价格？信誉？还是对商品的了解和熟悉度？不敢下单，或者是觉得门槛太高？还是缺少示范，没人在你前面购买这样的商品？

买家看到的"很多人"是如何"看"的呢？在网络这样的一个虚拟的购物环境中，顾客看到的就是商品的销售量、浏览量，及其顾客对商品的评价，还有最新商品促销通知等等，都能为用户营造这种"绝不仅有你一个人在购物"的环境。营造"有人"而且"人很多"的氛围告诉顾客，买这件商品的顾客并不仅仅只有你，你购买这件商品是很合情合理合群的行为。在你之前，很多人已经购买了这些商品，在你之后还会有很多人继续来买。不用担心，勇敢地点下"确认"键。

这就是我们的从众心理，每个人都有，无可避免的。再看一个例子：

一位女士打算去商场买衣服，经过商场门前的广场时，发现一群妇女围着一个人在抢什么东西。这位女士开始并不在意，等她走近一看，原来有一小商贩正在叫买女性夏天穿的丝袜，十元钱三双，小商贩说是因厂家出口超过订单的部分要赶快变成现金冲抵成本才如此廉价的。不买的话，"错过这一村就没有那一店"。这位女士原计划是去买衣服的，结果看见好多女性都蜂拥而来去抢购，结果也忍不住自己的从众心理去买了一大堆丝袜回家。

且不说那丝袜的来历是不是小商贩说的原因，也不说丝袜质量好坏。单就从这位女性从不想买到想买的过程，就是典型的购买行为中的从众心理使然。

"从众心理"其实是一种顾客购买过程的心理活动，通俗地解释就是"人云亦云""随大溜"；大家都这么认为，我也就这么认为；大家都这么做，我也就跟着这么做。商家如果能有效地掌握或调动顾客购买行为中的从众心理，肯定有助于产品的销售。

当然，"从众心理"也具有正反两个方面的结果：消极的一面是抑制顾客个性，束缚思维，扼杀创造力，使人变得无主见和墨守成规，这也是商家希望看到的；但也有积极的一面，即有助于顾客学习他人的智慧经验，扩大视野，克服固执己见、盲目自信，修正自己的思维方式、减少不必要的烦恼如误会等。所以买卖双方无时无刻不在暗里明里"博弈"。

其实掌握顾客的心理，比起其他条件如产品的价格、特色等，在营销上反而更有决定性。因为一切购买行为，到最后都是取决于顾客当时的心理导向。古语云："攻心为上，攻城为下"，如今"心战为上，兵战为下"已成为营销战争的秘笈。"攻心为上"对营销来说关键就在于抓住顾客的心。

我们通常会发现这样一种现象，顾客不论是买东西或是吃饭，都喜欢往人多的地方去。如哪家商场的人多，那么将会有越来越多的消费者挤进去；哪家大排档生意好，即使没有空位，顾客也愿意花时间去等，而不愿意离开。任何商店都是如此。如果顾客发现哪家商店的人多，都会不由自主地走进去逛一逛、看一看是不是有什么力度大的促销活动。即使附近的一家商店没什么人，也少有消费者会主动进去看看。这也就是所谓的从众心理。有从众心理的顾客，有些并不是有急切的需要，而是为了凑热闹，看是否能得到实惠进行消费，以求得心理上的满足。面对顾客的从众心理，销售员可运用专业、时尚、口碑、热销的促销语言趁热打铁，促成交易。

顾客接受销售员推荐的时候不敢做决定，销售员告诉顾客谁谁在使用，尤其是她认识的朋友也在用，顾客就会放心购买。为什么做广告都要找明星、找有影响力的人物？因为他们可以影响消费者的消费行为，人们看到著名人物的广告就会顺应大众的心理，营造一种你想我在使用，我想你也在用，大家想大家都在用的共同想法。正是大家想大家都在用的心理，广告就发挥了巨大的作用，广告就是利用人的从众心理产生效果的。绝大多数的顾客对新品牌存在顾虑，在顾客不能下决定的时候让她看看她周围的人都在使用，尤其是顾客认识的人产生的效果会更好，这样的方式可以打消顾客的疑虑，让顾客放心。

速战速决，缩短顾客的考虑时间

极强的收款能力也是销售成功的制胜关键之一，否则就会功亏一篑。优秀的业务人员在处理收款问题时，能比普通服装销售人员更快地收回货款。遇到顾客交款推托时（推卸责任，找各种借口或者拉交情的手段来延迟交款），优秀的业务人员能有办法让顾客快速地付钱。

销售是一种以结果论英雄的游戏，销售就是要成交。没有成交，再好的销售过程也只能是风花雪月。在销售员的心中，除了

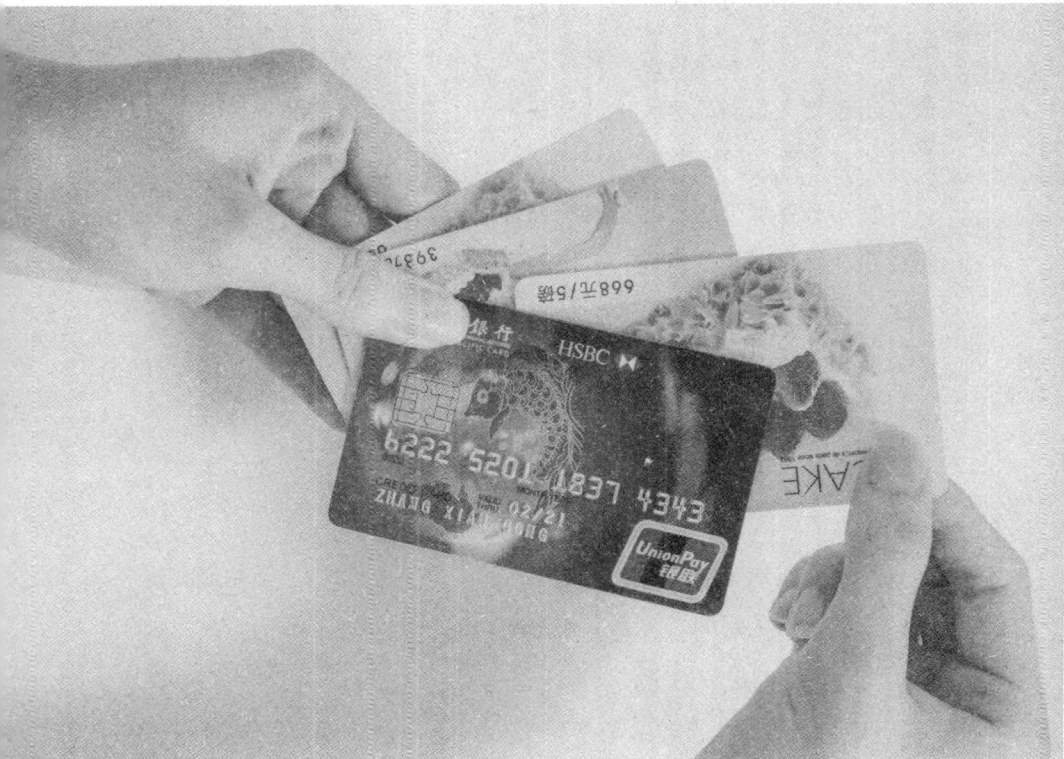

手持银行卡信用卡

成交，别无选择。但是顾客总是那么"不够朋友"，经常"卖关子"，销售员唯有解开顾客"心中结"，才能实现成交。在这个过程中方法很重要。

直接成交法是指由销售人员直接邀请成交，例如："我能给您开票吗？"这一直接促成成交的方式简单明了，在某些场合十分有效。当销售人员对顾客直率的疑问做出了令顾客满意的解说时，直接促成成交就是很恰当的方法。

使用直接成交法的时机要把握好，若顾客对零售店的商品有好感，也流露出购买的意向，发出购买信号，可又一时拿不定主意，或不愿主动提出成交的要求，销售人员就可以用直接成交法来促成顾客购买。有时候顾客对零售店的商品表示兴趣，但思想上还没有意识到成交的问题，这时销售人员在回答了顾客的提问，或详细地介绍了商品之后，就可以提出请求，让顾客意识到该考虑购买了，即用请求成交法促成顾客购买。

使用直接成交法可以快速地促成交易，充分利用了各种成交机会，节省销售的时间，提高工作效率，同时也体现了零售店人员灵活、机动、主动进取的精神。

假定促成交易的方法是指零售店人员在假定顾客已经接受了商品价格及其他相关条件，同意购买的基础上，通过提出一些具体的成交问题，直接要求顾客购买商品的一种方法。例如："您看，假设用了这套设备以后，你们是不是省了很多电，而且成本有所降低，效率也提高了，不是很好吗？"假定成交的主要优点是可以节省时间，提高销售效率，适当减轻顾客的成交压力。

在运用假定成交法时，零售店的销售人员常常避开促成成交的主要问题，从一些枝节问题或后续问题入手。例如，向顾客提出含蓄的问题，提这类问题也是基于已假定顾客基本上做出了购买决定，但尚未明确表示出买。这时可以问："您什么时候需要这种商品？"或"您需要多少？"这些都是促使顾客做出购买决定的恰当提问。

提供选择促交法是指销售人员向顾客提出一些购买方案，让顾客在其中选择。如："您要这种型号还是那种型号？"就像"豆浆您是加两个鸡蛋呢，还是加一个鸡蛋？"还有"我们礼拜三见还是礼拜四见？"这都是选择成交法。销售人员在销售过程中应该看准顾客的购买信号，先假定成交，后选择成交，并把选择的范围局限在成交的范围内。选择成交法的要点就是使顾客回避要还是不要的问题。

在运用选择成交法时销售人员应该让顾客从中做出一种肯定的回答，而不要让顾客有一种拒绝的机会。向顾客提出选择时，尽量避免向顾客提出太多的方案，最好就是两项，最多不要超过三项，否则你不能达到尽快成交的目的。这种方法可以减轻顾客的心理压力，制造良好的成交气氛。从表面上看，选择成交法似乎把成交的主动权交给了顾客，而事实上就是让顾客在一定的范围内进行选择，可以有效地促成交易。

让步成交法指的是销售人员通过提供优惠的条件促使顾客立即购买的一种方法。例如"我们这一段时间有一个促销活动，如果您现在购买我们的商品，我们可以给您提供三年免费维修"。这就叫附加价值，它是价值的一种提升，所以又称之为让步成交法，也就是提供优惠的政策。

保证成交法是指零售店人员直接向顾客提出成交保证，使顾客立即成交的一种方法。所谓成交保证，是指销售人员对顾客允诺担负交易后的某种行为，例如，"您放心，这部彩电我们监督"。"您放心，您这个服务完全是由我负责，我在公司已经有3年的时间了。我们有很多顾客，他们都是接受我的服务。"让顾客感觉你是直接参与的，这是保证成交法。

当商品的单价过高，顾客对此种商品并不是十分了解，对其特性、质量也没有把握，产生心理障碍，成交犹豫不决时，零售店人员应该向顾客提出保证，以增强信心。这种情况是使用保证成交法的最佳时机。这种方法是可以消除顾客成交的心理障碍，增强成交信心，同时可以增强说服力和感染力，有利于零售店人员妥善处理有关成交的异议。

在顾客的管理中，掌握成交时机，适时促成交易是一项重要的任务，因为只有成交了之后，商家才能有利可赚。方法是技巧，方法是捷径，但使用方法的人必须做到熟能生巧。这就要求销售员在日常推销过程中有意识地利用这些方法，进行现场操练，达到"条件反射"的效果。当顾客疑义是什么情况时，大脑不需要思考，应对方法就出口成章。到那时，在顾客的心中才真正是"除了成交，别无选择！"

第七章

购买是一场新的开始——消费者忠诚的秘密

第一次购买，是顾客下次再购买的基础，若顾客心理满意，则下次可能再买（并劝告周围人购买）；若顾客心理不满意，需求得不到满足，则必失去顾客，即失去了生意。因此，研究售后"服务心理"更为重要。正如通用路易斯维尔回答中心经理泰勒说："大部分的商人都不了解——对客户的服务——其实才是真正的销售。"

顾客忠诚带来的价值

顾客忠诚通常认为是重复购买同一品牌或产品的行为，而这种行为是有目的性的、经过思考而决定的购买行为。忠诚顾客就是重复购买品牌，只考虑这种品牌并且很少甚至不再进行相关品牌信息搜索的顾客。

忠诚顾客就是企业的活招牌，能给企业带来巨大的价值，对于忠诚顾客带来的价值详见下表：

忠诚顾客带来的价值

	价值点	具体阐释
1	降低成本	忠诚顾客的频繁业务会使公司的收入和市场份额增长，同时获得顾客和服务的成本就会降低。相关研究表明，争取一位新顾客所花费的费用是保住一位老顾客所花成本的5~6倍
2	推荐销售	公司赢得较高的顾客忠诚度，从而建立起重复销售和顾客之间的推荐销售。公司可将额外收益投资一些新颖的活动来提高顾客所得到的价值，增加对顾客的吸引力，如降价和增加产品特性

3	更好的服务	顾客忠诚能够使公司员工的工作自豪感和满意度增加，员工流动减少，这样建立起良性循环，通过更好的服务又加强了顾客的忠诚。好的经济状况意味着公司能付给员工更高的薪水，这会引起一系列的变化：提高薪水鼓舞了员工的士气，提高了他们的归属感和总体工作满意度，这样他们的知识与经验就能更好地为顾客服务，于是顾客就更倾向于对该公司保持忠诚
4	口碑传播	口碑传播在购买服务中起着重要作用。人们认为口碑传播比其他信息来源更具有信誉，产品/服务最佳的推广方式来自那些提倡使用这家公司服务的顾客，口碑传播为公司带来新的顾客。公司可以就新顾客带来的收益及其节省的促销成本，来度量这种宣传的财务价值

消费者的抱怨其实正是商机

美国宾州有一家公司叫"新猪公司"（New Pig Corp.）名字很土，但发展很快。创办人毕弗说他喜欢听顾客抱怨，这话听起来有点自虐的味道，他说："你应该喜欢抱怨，抱怨比赞美好。抱怨是别人要你知道你还没有满足他们。"

顾客抱怨正是商机。

毕弗发现，每一个顾客的抱怨都使他有机会拉开跟其他业者的差距，帮助他做一些对手还没做的事。例如，曾有些客户抱怨新猪的"猪"一旦碰上酸性物质或是其他溶剂就会变成一滩烂泥。其实毕弗大可对这些抱怨者说了谁叫你不看标志说明？这个产品的设计本来就不是用来处理酸性物质的。"但是他没这么说，反而跟一个客户共同开发出高价位的"有害物质专用猪"毕弗又根据另外一个客户的抱怨，开发出可浮在水面，并且能吸油的"脱脂猪"。

太多的公司认定他们的顾客是爱挑剔而难讨好的人，满嘴的"我、我、我"只显露出他们的不识货，这种态度是危险的，而且研究也发现，有这种想法一定不会取得好效果。华盛顿技术协助研究计划机构的研究结果显示，很多客户因为对一家公司不满意，而改向其对手公司买东西，但其中只有4%会开口告诉你；也就是说在每25个不满意的客户，只有一个会开口抱怨。

坏消息还不只如此。在不满意也不吭气的客户中，有65%～90%的人不再上门，他们觉得这些公司对不起他们后，只会默默地走开。如果连这种看起来既然温驯又不抱怨的客人都得罪光的话，你的生意会垮得让你浑然不觉，而且难以挽救。

另一方面，一些优秀经理已经揣摩对策。他们在抱怨者身上投资，解决这些抱怨。根据旅行者保险（Travellers lnsurance）的研究，鼓励客户发牢骚，事实上可能是一记妙招。不抱怨的客户中只有9%会再光顾，但是在提出抱怨而问题获得迅速解决的客人中，有82%的人会继续上门。更何况公司从抱怨中得到的宝贵情报，还可能促进公司生产新产品。因此，懂得经营之道的公司能从客户的抱怨中获利。

南加州大学的薛斯教授估计，开发一个新客户的成本是保留一个旧客户的五倍。听不到客户声音的公司每年要花大笔的营销费用来开发新客户以弥补流失的客户，而且他们对公司营运发生什么问题都毫无警觉。

经营一家公司，唯一能赚钱也是最赚钱的方式，就是多听听顾客的声音。你会听到快乐和不快乐的声音，然后利用所听到的情报来加强服务客户。如果这样做还有客户不满意，那也只是少数。

哈佛商学院的李维特教授说，以顾客为理念的企业所要塑造、改变公司的信仰应该是：产业应是满足顾客，而非制造货品的过程。要像了解你的家人一样去了解客户，才能完全满足你的客户，你才能成功。

听顾客的声音，任何人都会，关键在于从老板开始，公司上上下下都必须懂得估量客户的需求和期待，如果你的所作所为对客户并无利益，干脆不要做。

如果你能做到以下三件事，就可以养成这种以客户为尊的行为模式，这三点很难，但不是做不到。

1.仔细给客户定位。这通常是公司高级主管的决策。根据公司经营理念和主管对顾客层定位的共识，每一个基层的工作单位要自行决定他们的内部顾客，只有使内部顾客对基层工作觉得满意之后，公司才能满足外部顾客。

2.要比客户本身还了解他们。整个组织必须设法了解客户现在和未来的需求与期待。

3.超越期待。激发组织内的每一个人去设想客户的需求和期待，然后不断努力去超越这些期待。

在管理阶层将客层明确定位之后，整个公司就开始进入了解这些客户的无休止的工作之中。一个精明的生意人必须像了解自己一样，了解他们的客户，甚至比了解自己还了解他们。

一个积极扩大市场占有率的公司，必须不时以下列问题自省：

我们客户的需求是什么？这些需求中，对他们最重要的是什么？

这些需求和期待我们能满足多少？

我们的对手能满足多少?

我们要如何做到不只是单纯地满足客户,而是真正地取悦他们?

最根本也最简单的方法是,你只要问他们对你目前服务的满足程度如何,给他们机会说出愿望,和你哪里做得不好,哪里做得很好。经常发问并照结果来改进的公司,必能受益良多。

以全美最大的海鲜餐厅"红龙虾"而言,该公司每年营业超过10亿美元,而所售出的海鲜超过700万磅;虽然如此,他们每个月还是寄出15000份的问卷,请顾客把红龙虾与另外15家竞争者做一比较,而且从问卷上还能发现顾客的口味是否在改变,想吃的菜是否菜单上没有。如果有人说想吃一道什么菜的话,红龙虾几乎第二天就把这道菜列入菜单,他们认为这才是竞争之道。

"我很满意"不代表"我会忠诚"

由于服务品质的难以量化,许多公司时常无法了解顾客的意见。美国经济学家认为,顾客对服务品质的感觉可由下列五点(简写为RATER)看出:

可信赖度(Reliability),可靠而准确地实现承诺的能力。

保证度(Assurance),员工的专业知识和礼节,以及传达信任和信心的能力。

可见度(TanSibles),可见的设施和器材以及员工的仪容。

关怀度(Empathy),员工对顾客的关心,及对个别顾客所提供的服务。

反应度（Responsiveness），员工乐于协助顾客并提供立即服务的意愿。

如果你认为顾客不抱怨是因为你的表现不错，最好再想一想。大部分的人吃亏都不会吭气，因为他们认为吭气也没用，他们知道大部分的员工并非用来处理抱怨，而且通常抱怨的结果就是吃白眼；抱怨很难，首先你得找到对象的名字，然后再找出他的直属长官是谁，最后找出这家公司的地址，写封信，寄出。即使发E-mail，也不一定有人处理；抱怨人使人觉得不好意思或是咄咄逼人，大部分的人不喜欢抱怨，他们会觉得难为情。当然，很喜欢抱怨的人也不少。

不过，人们不抱怨的最主要原因其实是：激烈的竞争提供许多选择，与其抱怨，不如换个对象。

另外，你还要扪心自问：你的对手做得如何？顾客是否还有进一步的建议？

在此我们建议你不要问："你满意吗？"这种问题，因为顾客通常都不相信抱怨会有效，而且为了不伤感情，也常会未经比较就顺口说："我很满意。"论坛公司在对美国加州一家银行所做的调查中发现，在服务等级评定"差不多"或"不怎么样"的受测者中，有40％口头上仍然说他们"很满意"。在此种情形下，如果有另外一家银行提供使他们认为是"优良"的服务时，这些人一定立即转行。

"我很满意"的意思是"我可以接受"，但绝非是建立顾客忠诚度的基石。心理学家兰吉说，人们常安于现状对其他的讯息充耳不闻。我们可以从企业人士对客户的谈话中发现这种情况。他们听惯了客户说他们的服务"还不错"，常不会积极地去听并且深入发掘问题，而当客户并不很满意地回答："是的，还好啦！但是……"时，他们只是心不在焉地点头。

真正以顾客为理念的企业人才知道，在跟顾客谈话时，绝不能心不在焉，而且要不断问一些问题，这些问题要为顾客预留回答的空间，例如："在此期间是否有任何事情特别令你不便？"这样可使顾客有畅言的余地。如果答案显露出生产新产品的商机，或是旧产品有问题，那公司就得立即采取行动。

即使公司已经使用科学方法来做市场调查，这种探询都仍应继续。市场调查很难捕捉一切，即使最好的市场调查也会错失某些重要的资讯：顾客态度时常在变，使得市场所凭借的假设基础失效。有时候，顾客强烈不满的态度并非简单的市场问卷调查可以问得出来。常常问一些非科学化问题的企业经理人，在书面的市调报告佐证之下，会比较了解市场的动向以及对应之道。

与顾客正确沟通，直接联系

在今日这个信息时代，与客户建立一个比免费电话更直接、有效的联系管道，有时并不太难。例如，在班尼顿服装连锁店全球任何一处分店做成一笔生意，这件服饰的款式、颜色和尺码都会被输入电脑，然后再迅速把资料专回意大利总部，总部就可立即通知工厂生产更多这类畅销品，比如说把尚未染色的毛衣染上畅销的颜色，然后再把这些畅销品立刻送到千之外的零售商，趁热促销。

科技的直接回馈，尤其能帮助工作单位与千里之外的公司内部客户联系。例如，在美国的速霸陆分公司会把汽车在码头交货时所发现的问题用摄像机录下来；如果其中一辆车子电瓶没电，就会有员工以英语和日语对录像带说明，然后把车子的出厂号码记录起来。这卷录像带在拷贝后立即空运回日本。一旦，日本总公司的技师看过带子，就永远不会再被抓到相同的错误。现在录像带已被网络代替。

有些公司却浪费成性，花钱做一些只会令顾客失望的不实广告，或是产品说明书含混不清，结果使原可轻易留住的顾客跑掉。其实只要正确地沟通，很多公司是可以改善他们的前景的。

企业界沟通不良的情形比比皆是。据论坛公司调查，在服务品质的各项指标中，顾客最重视的莫过于信赖度，但企业界却往往不能满足顾客的这项需求，而且经常言而无信，达美航空的口号说："只要你准备好了，达美也准备好了。"假日饭店说："保证没有惊奇。"他们怎可如此保证他们所无法达成的事？

因为上级同意，下级也就会乱对客户吹牛。客户上门是因为有需求，而员工轻下允诺是为了求表现。结果是公司无法交代，顾客不再上门。

同样的公司时常在使用手册中交代不清，但通用汽车的别克厂倒是例外，《纽约时报》就曾评论别克厂的汽车使用手册是一个"根本的变革"，该报说："如果我们教来访的火星人学会英文，然后给他本（别克汽车）手册，他可能就会换轮胎。"权威的"鲍尔品质调查"最近发现，别克汽车在售出的90天内，比其他车种接到较少的抱怨。这中间是否有关系？

根据技术协助研究计划机构的研究，只有1／3的客户是因为产品或服务有毛病而不满，其余2／3的问题都出在沟通不良上。

跟客户之间的沟通应该很简单：

1.目标要务实。

2.对产品功能上的不足，要能坦然承认。

3.要说清楚如何使用产品或服务。

4.教导第一线的员工倾听和沟通。

奖励听取顾客抱怨并向公司汇报的员工，让每一名员工知道要把客户的反应汇报上级，即使是可能使上级生气的反应。日本本田于1959年首度将摩托车引进美国市场时，公司原本决定以当时美国公司产销的大型车为主。但是，当顾客问营销人员哪里可以买小型价廉摩托车时，这些低层营销人员立即将情报向上反映，促使本田立刻更改销售策略，结果造成本田摩托车于20世纪60年代风靡美国。

5.设身处地。设法让你自己从顾客的角度来看你的产品。DEC设备公司的创办人兼董事长欧森有一次带他的主管到装货码头参观。他发给每名主管一人一支撬棒，然后要求每人找一个电脑箱并把电脑装起来，就跟顾客买一部DEC电脑回家一样。

6.顾客会议。美国商业银行定期让顾客组成的咨询性会议在总行大厅举行，由银行经理和其他人员问问题。这种会议通常进行一个小时以上。开完会之后，厂方的行动小组就立刻针对会中发现的问题进行改进计划。同时，这些会议都会被全程录像，并将录像带送给各分行参考。现在可以开多媒体网络会议。

7.售后评估。在顾客购买产品之后，继续观察90天、一年或是3年。福特汽车公司连出厂后五年的中古车都列入观察。

8.竞争性产品和服务的问卷。不但要问顾客：你的产品是否能满足他们的要求；还要问：你的对手是否能满足他们的要求，找出你有哪些地方输给对手。

9.申诉录像。英国航空公司在伦敦和纽约机场都设有申诉录像处，让不满意的顾客不必再找公司职员，而可直接走进申诉亭，按下按钮告诉他们哪里有问题。

10.了解顾客的正式训练。美国宾州子午银行公司的职员在接受"职员顾客关系"训练时，必须练习在眼镜涂油后填表，和把双手的各三根手指绑起来数钱。银行如此做的目的，是要让他们了解老年人和关节炎顾客的痛苦。

最后，对同样也是你顾客的家人、朋友多付出一份关怀和爱心，因为他们可能比一般人更能详细告诉贵公司产品或服务上的问题。华德迪奈公司的总裁艾斯纳以他的妻子和三个儿子作为他的焦点团体。每周六上午的《古米熊》《Gummi Bears》卡通节目，就是他在注意到儿子酷爱"古米熊"软糖之后所想的点子。

上述这些技巧，也同样可以用来增进你对公司"内部顾客"的了解。

与顾客同在，与客户同步

为了解客户，我们必须超越单纯问卷上的问题，走入他们的生活之中，看他们如何看待我们的产品或服务，研究他们的想法和生活方式、他们的希望和恐惧。如此我们才能迅速反应，甚至比顾客自己还早发现他们的需求。

玛利欧特酒店就时常如此接近客户心事，并且不断更新沟通技巧。让我们看看他们怎么做：

1.主管都会将时间投注于取得并了解客户意见之上。

1999年，董事长小玛利欧特先生亲自阅读8000封客户来信中的一成，和75万份调查问卷中的2%。

2.举行十几次精心规划的市场研究调查，每年寄出的详尽问卷都以万份计。另外，他们也邀请客户参观新房间的样品屋，如果参观者对颜色的反应不好，商品屋就不用那种颜色。

3.研究客户对竞争者所推出特别项目的反应。如果假日饭店推出订房附赠免费欧式早餐，玛利欧特在数周内就会决定是否跟进。

4.分析客户结构并予以分类，同时推测每一种不同的客户群对某种新服务的反应。

像玛利欧特这种精明的公司永远都在倾听，他们知道这是一种永无止息的竞争。这样做的结果是，订房率通常都比同业平均高10%；而且，在过去十年中投资报酬率都超过两成。

不过，仅有这些接近客户的方法可能还不够。你可以改变你的企业体质，但是你的对手可能变得比你还快、还好。为了求胜，除了接近客户之外，你还得苦思可能连客户本身都没想到过的问题。

任天堂公司是日本最赚钱的电脑游戏机厂商，他们的做法跟其他的厂商截然不同，非但不抢着将产品上市，而且还努力开发潜在的顾客，以取得持久的胜利。任天堂会考虑顾客在家使用他们的产品的情形，而且要确定他们的产品能老少咸宜、价格低廉。虽然该公司产品早已领先其他业者，但是他们还是在不断倾听和思考之后，开发出新一代的产品而大赚一票。

法国心理学家暨"原型研究"负责人拉斐尔博士说，生意人应该了解人们思想的"原型"，也就是人产生在心理成型时期所形成对生命周围事物的基本观念。如果一项产品符合这些基本观念，就可以在人们的生命中找到一席之地，否则要改变顾客，教他们用这些产品，就很伤脑筋了。

拉斐尔提到法国一家生产奶酪的公司。他说，虽然试吃过的美国人都喜欢这家公司的产品，但是他们的产品在美国并不畅销，因为美国人时常不理会产品标签上的说明，直接将奶酪放入冰箱保存，而使原味全失。这是这家公司在欧洲从来不曾遇到的问题，他们百思不解。

在拉斐尔的协助下，这家公司比较了美国人和欧洲人对奶酪的观念，他们发现欧洲人把奶酪当成活的东西。一位法国人说："我从不把我的猫放进冰箱，为什么会把奶酪放进去呢？"但美国人认为奶酪只不过是另外一种货品，就像麦片或是柳橙汁一样，对美国人而言，奶酪是没有生命的。针对这项发现，那家法国公司为美国市场开发出一种可以冷藏的"死"奶酪，这才解决问题。

上门服务，送货到家

把顾客变成忠诚顾客并不容易，优质的售后服务是企业取得消费者信赖的最直接途径。售后服务是一个系统工程，须用完善的售后服务体系加以保证，要使消费者从购得产品之刻起直到产品消费完毕，包括送货上门、安装到位、人员培训、维修保养、事故处理、零配件供应以及产品退换等每一个环节都处于满意状态。

例如，海尔的星级服务，不仅在上门安装、回访、维修等各个环节有严格的制度与质量标准，还细致到上门服务时，事先套上一副脚套，安装空调时先把沙发家具用布蒙上，自带矿泉水，临走把地打扫干净。等等。目前，海尔在全国各大城市都设有"9999"售后服务热线，用户只需一个电话，剩下的事全由海尔来做，这些措施，使消费者对海尔的忠诚度达到了顶峰。

台湾一位雄踞世界企业家之林的亿万富翁王永庆，他的资产近26亿美元，但他创业时只是一家小小的米店。那时电话还不普及，买米一定要上街，有时到煮饭时才发现没米了，很不方便。可是多数米店的老板往往坐等顾客上门，生意非常惨淡。

王永庆看到这种情况便想到一个办法，没等那个顾客上门买米时，他就问："您住在哪里，我把米送到您家里好吗？"面对这种服务态度，顾客当然乐意。

王永庆送米的时候，总会掏出随身携带的笔记本，详细地记下这家人的米缸容量，然后对顾客说："您能不能告诉我一些简单的资料，像您家里有几口人，一天用米量大概多少？"这些对顾客来说并非难事，他们便欣然的告诉了他。王永庆就根据这些资料计算出这家客户的用米量，以便在客户吃完米的前两三天把米送到客户家中。就这样，王永庆的米店客户越来越多，生意越做越大，不久，他又开了一家碾米厂，挣得了万贯家产。

在生意场上，经营者如果能像王永庆那样为顾客着想，真正把顾客当作上帝，其生意必然红火。

把顾客视为"上帝"，无非是想赢得更多的顾客群。要做到这一点，除了你的产品的价值和质量等因素外，提供超值服务也很重要。提供超值服务的方法有多种，如产品实行三包、送货上门、终身保修等。由于你坚持提供超值服务，就可以将产品的价格定得稍微高一些（实际上，可认为是超值服务的附加费）。

尽管各种非价格竞争活动已经大大发展，价格竞争仍是现代企业市场竞争的一个焦点。无论是绝对的价格竞争，还是相对的价格竞争，都是现代企业及其市场销售人员争夺顾客的一种主要手段和方式。

要使顾客回头，就应该给顾客一些甜头。优惠老顾客的方式很多，例如，给老顾客发放各种购买优惠证、优惠卡，对持优惠卡的老顾客实行不同比例的折扣优待。还可以经常为老顾客提供一些优质低价的新产品，免费为老顾客送货上门，免费为老顾客提供一些与本产品无关的其他各种服务。

顾客反正总是要买东西的，不买你的，就买他的。但总要比较比较，货比三家是从前的事了，而今也许要比上几十家。比来比去，免不了要比一比价格，买的要放心，也要合算。因此，在价格上你不能玩花招，顾客的眼睛是雪亮的，你骗他一回，他记你一生。那种"屠刀高悬，进门便宰"的"君再来"酒店，有谁愿意再来呢？

在价格公平的前提下，谁能提供更好的服务，消费者肯定就会选择谁的。因此，送货上门是非常必要的。企业的使命就在于服务社会，说到底，就是服务顾客。顾客是企业之本，是推销之本，是市场之王，也是财富之源。没有顾客之本，也就没有企业之花。从大营销理论上讲，学生是学校的顾客，读者是作者、编者、出版发行者的顾客，病员是医院的顾客，选民是总统竞选人的顾客，如此等等。没有顾客，也就没有企业和市场，也就没有收入和利润。

一对一服务，有问必"答"

一对一销售服务是指销售人员通过与每一位顾客进行一对一沟通，明确把握每一位顾客的需求，有针对性地为其提供专门的个性化服务，以求最大限度地满足购买者的需求。

在一对一销售服务中，销售管理是以顾客为中心开展的，对企业的每一位顾客都必须设定直接的管理者。由于顾客的人数众多，每一位顾客管理者往往要同时管理许多顾客。所以，每个顾客管理者都应设立自己的"顾客库"，并与"顾客库"中的每一位顾客建立良好关系，以求最大限度地提高每位顾客的生涯价值，提高企业的顾客占有率。

在顾客管理的组织结构中，虽然也有产品管理，但其作用已经不再是将产品卖给尽可能多的顾客，而是针对每一位顾客的生涯价值，开发、提供顾客需要的特定产品，从而支援顾客管理者。进行一对一销售服务，必须追踪每一位顾客并分别与之进行沟通。进入20世纪90年代，信息与网络技术的高速发展为企业与顾客一对一沟通提供了越来越多的远择手段。

商家要依靠内容与情感吸引客户，要不断推出新创意，提供有用的内容吸引客户上门，同时充分利用电子邮件来维持与顾客的情感交流，增强其对产品和企业的信任。

海尔的经营理念叫作"真情到永远"，在这种经营理念的指导下，海尔人创造出一种一定要设法让顾客满足的企业文化。举例来说，客户提出这样的问题：

"这里气候潮湿，有没有可以强劲除湿的空调？"

"登高擦拭不便，有没有可以升降的空调？"

"气候炎热，有没有耐高温、可以长期长时间保持运转的空调？"

对于这些问题，海尔的回答一律是：

"有！我们很快为您设计制造！"

"行！也可以自己设计，我们帮助您生产。"

从海尔的案例中可以看出，没有解决不了的问题，自然就不会引起顾客抱怨。有能力就没有压力，想服务就不会觉得它是困难，服务者的心态和理念是很重要的。

还有一个例子，夏天市场上的洗衣机销售成为淡季。这是为什么呢？经过市场调研发现，不是夏天人们不洗衣服，而是因为衣服都比较短、薄、少，而且更换频繁。假如使用普通型的洗衣机去洗夏天的衣服，费水、费电，成本加大。所以人们倾向于把衣服集中起来洗涤，或者不使用洗衣机。

经过调研以后，海尔研发出一种新产品，小小神童洗衣机。采用水位三挡调节，1.5公斤型的，一件衬衫也照洗，小孩子也可以使用这款洗衣机自己洗衣服。这种产品1996年上市之后，开发了12

商务人士讨论开会

代，5年销量超过200万台。因此，产品设计主要是满足顾客为第一优先考虑，以服务导向来思考产品的设计。

另外，在四川有的客户投诉洗衣机常常出故障。海尔技术人员去查看以后，发现海尔的洗衣机品质没问题，是四川的消费者使用不当：他们没有衣服洗的时候，用洗衣机来洗土豆。这种情形一般的商家会说，我们没有错，是你们使用不当，所以我们不会赔偿。但是海尔不是这样，他们开始研发设计，如何开发新型的洗衣机，既能够洗土豆，又能洗衣服。这就是海尔的服务，对这种服务的理念只能用两个字来评价"可贵"！他们对于顾客服务满意度的追求有着可贵的执着。

在如今酒店供大于求竞争日益激烈的情况下，为了吸引、留住顾客，酒店服务越来越讲究精细化、人性化。因此，在酒店中，一对一服务应用的比较广泛。它强调酒店员工有针对性地为单个顾客提供服务。一对一服务如今已被一些酒店广泛运用并取得了良好的服务效果。

但是一对一服务不是某一固定的服务员服务某一固定的顾客。事实上，酒店的每一个员工都代表着酒店的整体形象，都可以成为酒店常客的"一对一服务"人员。特别是在当某一个酒店常客来到酒店，而为其提供固定服务的服务人员不能为其提供服务时，酒店其他员工应能够熟识客情，顺利为其提供相应服务，使顾客的问题得到满意的答复。

优惠卡，拴住顾客的绳索

每一位顾客的背后，大体有N名亲朋好友同事等等。如果你赢得了一位顾客的良好口碑，可能会赢得N个人的好感；现在的顾客购物往往货比三家，你得罪了一名顾客，也就意味着你忽视了其背后N名顾客所带来的负面效应，你的竞争对手也就多了一位顾客，有人说，开发新顾客是留住老顾客的N倍成本。

企业如果仅仅是满足顾客的需求，那么，当竞争者提供更有吸引力的东西时，这些顾客就会很容易地转向竞争者的品牌。一份关于消费包装品的调查报告说明，44%的原来据称满意的顾客后来改变了品牌；而对商品质量和价值高度满意的顾客不会轻易转向另一品牌。

企业要创造出更多的顾客，一个重要途径是保持老顾客，使现有的顾客成为忠实的顾客，并通过他们来吸引潜在的顾客。对于一个企业来说，销售业绩的80%来自老顾客的重复购买。因此，要取得好的销售业绩，就必须保持住老顾客，使其不断地重复购买企业的产品，而不转向购买竞争者的产品。企业维持老顾客的时间越长，它所取得的业绩也将越大。资料显示，吸引一个新顾客的成本是保持一个满意的老顾客的5倍。对盈利率来说，吸引一个新顾客与丧失一个老顾客相差15倍。因此，企业在开拓新顾客的同时如果失去了老顾客，那么即使销售量还能维持不变，但利润也会大幅降低。因此对任何一个企业来说，保持顾客比吸引顾客更重要，而为老顾客办理优惠卡，来留住他们是一个重要的方法。

宜家根据会员来店的频率，而不是购买金额进行奖励。在宜家看来，顾客只要来，就一定会买东西。宜家相信，和那些不常逛店、只要一来就买很多的顾客相比，经常来店、每次不一定买很多东西的顾客更有价值。所以，宜家采取了很多鼓励措施，吸引会员经常来宜家逛逛。

比如在周一到周五，会员到宜家能够享受免费的咖啡；

周一到周四，会员可以带着家里的照片图纸，来门店找宜家的设计师进行免费的家装咨询；

每周面向会员开放宜家的家居装饰讲座，会员通过电话或者电脑报名等活动。

有一个最经典的案例，宜家向每个买过圣诞树的顾客承诺，只要他们在1月份，到宜家门店来，就可以报销部分的圣诞树款。要知道一月是全年的淡季，既然都到了门店，又怎么会不顺便逛一下，多多少少买点东西呢？

服务还不止这些呢！宜家每年都会淘汰1/3的旧款，同时推出新款。所以，在任何一款商品停止生产之前，宜家都会通知曾经买过，或者是曾经有过购买意图的会员。比如曾经买过某个柜子的会员，宜家会询问是不是需要换柜门或者其他配件。否则，等停产了就只能全部换掉了。

事实上，大到一个系列新款，小到一套碗碟的新商品，以前购买过类似商品的会员都会收到来自宜家的"温馨提示"。

从会员刷卡的记录中，宜家可以确切地知道某个顾客所购买的商品，这样可以帮助宜家有效地推出新的市场和服务；在对顾客的分类中，宜家可以知道某一类产品适合怎样的顾客，也可以根据这个信息来改变门店产品的布局。

比如很多顾客基本上要买的商品，布局就非常显眼，对每一个进入宜家的顾客来说，这不一定是他想买的，但他必须要花更多时间去找他要买的东西，更有可能第一眼就买下了他原本不想买的东西，这样销量就上去了。

事实上，拥有宜家俱乐部的会员卡不难，走进宜家的会员店，想用会员价格买到会员产品，你在填好一张宜家俱乐部会员登记表格之后，就会得到一张红黑底色的卡，上面写着"IKEA FAMILY"，有长达15位的会员卡号，然后你去收银台刷卡买单。你就可以为同样的商品少付几元到几百元的会员差价。并且，这样的申领过程是完全免费的。

宜家之所以做得很成功，突出表现在这些细节上，通过优惠卡和会员卡不断地拉拢老顾客。

一个高度满意的顾客会更长时期地忠诚于企业，会购买更多的企业新产品并提高购买产品的档次，会对公司及其产品有好感并为它们进行宣传，会忽视竞争者的品牌和广告并对价格不敏感，会向企业提出改进产品和服务以更好地满足顾客需要的建议。同时，由于与老顾客进行交易已成为一种惯例化的交易行为，不会像与新顾客进行交易一样要经历艰难的讨价还价的过程，这会降低企业的交易成本。

开卡促销也是美容院基本的促销手段，已成为美容院主要的促销方式之一，开卡的形式多种多样，小到如：月卡、季卡、年卡；大到如：金卡、银卡、积分卡、贵宾卡、会员卡等。

美容院为了稳定住忠诚的老顾客，在顾客护理期间，为顾客办理的促销卡，在金额上享受一定的优惠，即办理月卡比每单次消费的费用低，办理年卡比办理月卡总和消费要低，并且顾客还可享受一定的购买产品优惠及折扣，享受美容院各种优惠项目。

优惠卡，是一个有效留住老顾客的方式，由于留住一个老顾客比开发一个新顾客的成本要小得多，所以，优惠卡受到很到商家的青睐。

第八章

没有人能真正拒绝消费——消费者行为心理效应

心理效应是销售中较常见的心理现象和规律；是某种任务或事物的行为或作用，引起其他人物或事物产生的相应的变化的因果反应或连锁反应。同任何事一样，它具有积极和消极两方面的意义。因此，正确地认识、了解、掌握并利用心理效应，在销售过程中具有非常重要的作用和意义。

250定律销售法：每一个用户背后都有250个客户

美国销售专家乔·吉拉德曾经获得"世界最伟大的销售员"的荣誉。吉拉德他在自传中写道：

"每一个用户背后都有250个客户，销售员若得罪一个客户，也就意味着得罪了250个客户；相反，如果销售员能够充分发挥自己的才智利用一个客户，他也就得到了250个关系。"

这就是乔·吉拉德著名的"250定律"。美国保险销售大王弗兰克·贝格特别强调了这种方法的有效性，他还有这样的亲身经历。

一个意志消沉的年轻人来向销售大王弗兰克贝格特请教，他销售寿险已经一年多了。刚开始做得还不错，可当他把寿险销售给一些朋友及大学同学后，就不知该怎样继续了，现在他心灰意冷，准备放弃。

弗兰克·贝格特对他说："年轻人，你只做到事情的一半，回去找跟你买过保险的客户，从每个客户那里至少会得到2个以上的客户。此外，不管面谈结果如何，都可以请拜访过的每个客户给你介绍朋友、亲戚等。"

半年后，他又找到弗兰克·贝格特，他说："贝格特先生，这些日子来我紧紧把握一个原则就是不管面谈结果如何，我一定从每个拜访对象那里至少得到2个介绍名单。我得到500个以上的好名单，比我自己四处去闯所得的要多出许多。今年头半年，我已缴出23.8万元。以我目前持有的保险来推算，今年我的业绩应该会超出150万！"

有很多销售员认为，任何人只要肯介绍客户，他就是好的推荐人。从理论上来看这确实没有错，可是唯有本身也是合适客户的人士，才会更具有说服力。强有力的推荐人，对销售员来说，具有很高的价值。可是通常只有以下两种理由，客户才愿意为销售员做郑重的推荐：

第一种，推荐人跟销售员之间有非同一般的友谊，以至于推荐人可以不计后果，而且不管结果会怎样，都愿意鼎力推荐。客户多半来自销售员个人亲密的亲朋好友，再不就是曾经有恩于他，基于报恩，所以愿意大力相助。

第二种，推荐人有助人为乐的作风。也许是以前的客户、亲戚、朋友或者是一些有社交来往的人——当然不是仅限于这些人。如果他对销售员有任何的不信任，通过他就不会把销售员的名字传播开去，为你做出色的产品宣传。

很多销售员会觉得要人帮忙介绍客户是一件非常难开口的事，因为觉得这对销售员的名声很不好。其实那是错误的，只要要求别人帮忙的说法适当，不但要求自然，而且寻求客户的技巧也会跟着大有改善。

不仅可以利用客户为自己宣传，还可以利用局外人为自己宣传。在一般情况下，法庭的陪审团很难对律师的辩词给予十分的肯定，所以最终的判决与律师的努力形成不了正比。面对这种情况，辩护律师通常请目击证人到法庭上提供最有利的证词，以增强辩护词的可信度，取得预期效果。不妨将这种方法引入销售当中，"证人"可以让销售员节省很多精力和脑筋。利用"局外人"销售，会非常快捷而又有效地获得客户的信赖。

有一个公司的董事长打算去加拿大旅游，希望下榻到一家设施高档、服务周到的饭店。一些销售员听到这条消息如获至宝，纷纷向董事长介绍他们的饭店。结果让他不知如何选择。后来他看到了一封与众不同的信，信中建议他给一些曾下榻过他们饭店的人打电话咨询饭店的情况。

董事长发现名单当中有一个是他认识的，于是给他打电话咨询。这个人对这家饭店大加称赞，并极力向董事长推荐，最后董事长选择了这家饭店。最为关键的是局外人千万不能是胡编乱造出来的。其实每家饭店都有这样的局外人，关键是他们有没有利用，如果不利用，那么只好看着客人被自己的竞争对手抢走。

利用"局外人"来销售，可以非常快捷而又有效地获得客户信赖，节省非常多的精力，它是与竞争对手争夺客户的最好的武器。

印刻效应：满意一次，就会忠诚很久

1910年，德国习性学家海因罗特在实验过程中发现一个十分有趣的现象：刚刚破壳而出的小鹅，会本能地跟在它第一眼看到的母亲后边。但是，如果它第一眼看到的不是自己的母亲，而是其他活动物体，它也会自动地跟随其后。尤为重要的是，一旦这小鹅形成对某个物体的追随反应，它就不可能再对其他物体形成追随反应。用专业术语来说，这种追随反应的形成是不可逆的，而用通俗的语言来说，它只承认第一，无视第二。

这种后来被另一位德国习性学家洛伦兹称为"印刻效应"的现象不仅存在于低等动物，而且同样存在于人类之中。人类对任何堪称"第一"的事物都具有天生的兴趣并有着极强的记忆能力。

你会记住第一任老师、第一天上班、初恋等等，但对第二则就没什么深刻的印象，在公司中第二把手总不被人注意，除非他有可能成为第一把手；在市场上第一品牌的市场占有率往往是第二的倍数……

在这里需要重点指出的是：单一顾客往往相信他所满意的产品，并会在很长时间内保持对该产品的忠诚，在这段时间内他不会对其他同类产品产生更大的兴趣和信任。基于这一点，很多销售人员都会有意在工作中注重对顾客忠诚度的培养，尽量地留住回头客。

许多企业的实践也证实，顾客忠诚度与企业盈利有很大的相关性。美国学者雷奇汉和赛萨的研究结果表明，顾客忠诚度提高5%，企业的利润就能增加25%～85%。美国维特科化学品公司总裁泰勒认为，使消费者感到满意只是企业经营目标的第一步。"我们的兴趣不仅仅在于让顾客获得满意感，更要挖掘那些顾客认为能增进我们之间关系的有价值的东西。"可以发现，培养忠诚的顾客是企业营销活动的重要目的。许多企业运用调查顾客满意程度来了解顾客对本企业产品和服务的评价，就是想通过提高顾客的满意程度来培养顾客忠诚度。然而许多管理者发现，企业进行大量投资，提高了顾客的满意程度，顾客却不断流失。这使很多企业管理人员产生了疑问：如果提高顾客满意程度，无助于培育顾客忠诚度，顾客满意度再高又有什么用呢？所以，对于企业和推销员来说，让顾客满意是远远不够的，如何培养顾客对组织、产品或者个人的忠诚才是推销的终极目标。

显然，对于大多数商业机构而言，拥有一个忠诚的顾客群体是有好处的。从心理上讲，顾客忠实于某一特定的产品或商业机构也是有好处的。按照马斯洛的观点，从属感是人类比较高级的一种需要。作为一个物种，人们与其他一些同自己拥有同样想法和价值观的人在一起会感到亲切和有从属感。那些能够向其顾客提供这种从属感的商业机构正是触及到了人们这种非常重要的心理特征。

从企业角度来说，回头客是企业宝贵的财富。新顾客或新用户为企业发展和兴旺带来了新的活力。企业要通过成功的营销手段不断地吸引更多的新顾客，同时也要不懈地努力去巩固和留住老客户，这一点对企业经营是非常重要的。但在激烈的市场竞争中，如果我们不重视并努力去做老客户的工作，用户是不会永远留在你的身边的。为了留住回头客，应采取的策略和方法包括以下方面。

访问不满顾客。有时会遇到顾客有意见或不满，离你而去，许多推销员对此不以为然，有的还对离去的顾客不满，这是一种短浅的行为。因为离去的顾客，都是已与公司的业务有过接触的顾客，他们心中肯定已对公司业务和推销员个人素质做出了评价，发现了公司在营销过程中的缺陷，产生了不满。其实离去的顾客的意见，是公司改进营销策略、推销员增强业务能力的宝贵信息，而且能为推销员提供无法得到的看法和评价。推销员一定要把"笼络"不满的顾客的工作当作一件大事来做，做好离去顾客的工作方法有很多，例如：设法记住离去顾客的名字和地址；在最短的时间用电话联系，或直接访问；在不愉快和不满消除后，记录他们的意见，与之共商满足其要求的方案并满足其要求。

向顾客提供服务保证。向用户提供可靠的服务质量保证是使现有顾客和未来顾客对企业产品和推销员产生信心的关键。只有对自己的服务充满自信的推销员才会为用户提供质量保证。

为顾客提供个性化服务。针对特定的目标顾客，提供其需要的服务，使产品或服务体现个性化，并尽可能达到更完善的个性化的服务。个性化的服务会使顾客感到友善亲切，关怀备至，因而产生更大的吸引力。推销员和顾客是长期相互依存的朋友，推销员要时刻记住自己的顾客，为顾客的利益着想，为他们提供长期的服务。顾客才是推销员最大的财富。

尽量弥补自身的缺陷。由于自身原因引起顾客的不满是经常发生的事。对失误进行及时的补救，不仅可以消除顾客的不满，有时还能给推销员带来意想不到的积极影响。出现事故，推销员在了解真相后，一定要加以补救。如，诚心诚意地向顾客致歉，承认错误或缺点，平息顾客的不满情绪；表示补救的诚意，征求顾客对补救的要求，尽力去满足他合理的要求；提供一定的优惠或附加服务，使顾客消除不满；立即改正错误，以让顾客感到推销员改正缺点的决心，使顾客改变态度。

留住回头客的关键还在于与顾客保持联系。与顾客和用户保持定期的联系，表示公司对顾客的关注和尊重，这样，可以增进双方感情交流，加深双方相互理解，也能够经常听到用户意见和反馈信息，及时进行质量改进，从而进一步加深企业与顾客之间的关系。

方便顾客联系也有利于留住回头客。沟通便利使你的重要顾客能够不断地回头。

投射效应：保持思维同步，就更容易接受

宋朝著名才子苏东坡，与一位叫佛印的和尚相识。有一天，东坡在路上碰见佛印，见他身披黄袍袈裟，身材魁伟，遂灵机一动，笑呵呵地对他说："佛印啊，你知道你看上去像什么吗？"佛印一下愣住了，傻傻地问他："东坡兄，你看我像什么？"东坡哈哈大笑一声，说："你呀，看上去像一堆大粪。"佛印微微点头，说："东坡兄，你知道你看上去像什么吗？"东坡闻声，以为佛印要以牙还牙，忙收敛了笑容，很小心地问："你看我像什么？"只见佛印一字一句地说道："东坡兄，你一袭学士长袍，满面红光，活像一尊佛啊！"话毕，深深一鞠躬。东坡听完，好不高兴，心里揣摩："这和尚傻不傻，连我对他的贬损之言都听不明白，还修行个啥呀！"东坡找来苏小妹"分享战果"，小妹听完直跺脚，连声说道："哥哥，你上当了，你被大和尚'涮'了！"东坡一惊，忙问："到底怎么了？"小妹娓娓道来："哥哥呀，你真糊涂！难道你不知道佛教里有句话叫'心中有佛，见人是佛'；'心中有大粪，见人是大粪'吗？"东坡顿时满面羞愧，无言以对。

这就反映了心理学上的"投射效应"。所谓"投射"是一个人将内在生命中的价值观与情感好恶影射到外在世界的人、事、物上的心理现象。

一位心理大师曾说，人们往往错误地以为我们生活的四周是透明的玻璃，我们能看清外面的世界。事实上，我们每个人的周围都

是一面巨大的镜子，镜子反射着我们生命的内在历程、价值观、自我的需要。

心理学研究发现，人们在日常生活中常常不自觉地把自己的心理特征（如个性、好恶、欲望、观念、情绪等）归属到别人身上，认为别人也具有同样的特征，如：自己喜欢说谎，就认为别人也总是在骗自己；自己自我感觉良好，就认为别人也都认为自己很出色……心理学家们称这种心理现象为"投射效应"。

"投射效应"在消费上的启示是：我们更容易被与我们思维同步的产品和销售者打动，如果产品设计者和销售者的想法、行动与我们的一致，我们就更容易接受其产品。

心理学家研究显示，人与人之间亲和力的建立是有一定技巧的。我们并不需要与他认识一个月、两个月、一年或更长的时间才能建立亲和力。很多优秀的推销员都懂得，如果方法正确了，在5分钟、10分钟之内，就能与客户建立很强的亲和力。其中一个特别有效的方法是：在沟通时与我们保持精神上的同步。

首先是情绪同步，"设身处地"地快速进入我们的内心世界，从消费者的观点、立场看事情、听事情、感受事情或者体会事情。

另外，在语调和速度上也要同步。使用不同的速度、语调来说话。

对不同的客户会用不同的说话方式，对方说话速度快，就跟他一样快；对方说话声调高，就和他一样高；对方讲话时常停顿，就和他一样也时常停顿，这样才不会出现"各说各话"的尴尬情景。换句话说，就是用客户的频率来和他沟通。做到这一点，就很容易和客户之间形成极强的亲和力，让客户接受产品。

登门槛效应：逐步提出要求，不断缩小差距

美国心理学家弗里德曼和他的助手曾做过这样一项经典实验，让两位大学生访问郊区的一些家庭主妇。其中一位首先请求家庭主妇将一个小标签贴在窗户或在一份关于美化加州或安全驾驶的请愿书上签名，这是一个小的、无害的要求。两周后，另一位大学生再次访问家庭主妇，要求她们在今后的两周时间内，在院中竖立一块呼吁安全驾驶的大招牌，该招牌立在院中很不美观，这是一个大要求。结果答应了第一项请求的人中有55%的人接受这项要求，而那些第一次没被访问的家庭主妇中只有17%的人接受了该要求。

这种现象被心理学上称之为"登门槛效应"。

一下子向别人提出一个较大的要求，人们一般很难接受，而如果逐步提出要求，不断缩小差距，人们就比较容易接受，这主要是由于人们在不断满足小要求的过程中已经逐渐适应，意识不到逐渐提高的要求已经大大偏离了自己的初衷；并且人们都有保持自己形象一致的愿望，都希望给别人留下前后一致的好印象，不希望别人把自己看作"喜怒无常"的人，因而，在接受了别人的第一个小要求之后，再面对第二个要求时，就比较难以拒绝了，如果这种要求给自己造成损失并不大的话，人们往往会有一种"反正都已经帮了，再帮一次又何妨'的心理。于是"登门槛效应"就发生作用了，一只脚都进去了，又何必在乎整个身子都要进去呢？

男子求爱，直截了当会吓跑姑娘，从朋友做起，则易实现目标。

所以，当顾客选购衣服时，精明的售货员为打消顾客的顾虑，"慷慨"地让顾客试一试，当顾客将衣服穿在身上时，他称赞该衣服很合适，并周到地为你服务，在这种情况下，当他劝你买下时，很多顾客难以拒绝。

一位男士遇到一位令自己心仪的女孩子，如果他马上直截了当地要与对方结为夫妻、共度一生，恐怕女孩子会在惊讶之余，对其避之唯恐不及。大多数男士不会这么莽撞冒失，他会邀请她一起吃饭、看电影、逛公园等等，这些小要求实现之后，才顺理成章求婚。

做父母的望子成龙，但人才的培养只能循序渐进而不能拔苗助长。尤其是对于年龄较小的孩子，可先提出较低的要求，待他按要求做了，予以肯定、表扬乃至奖励，然后逐渐提高要求，逐渐实现他的人生目标。

"登门槛"效应在推销中的应用主要体现在推销过程中时机的把握上，首先，我们必须了解顾客完成消费行为的过程，一般来说，顾客在完成购买行为的过程分以下几个阶段：

兴趣阶段。有些消费者在观察商品的过程中，如果发现目标商品，便会对它产生兴趣，此时，他们会注意到商品的质量、产地、功效、包装、价格等因素。当消费者对一件商品产生兴趣之后，他不仅会以自己主观的感情去判断这件商品，而且会加上客观的条件，以做合理的评判。

联想阶段。消费者在对兴趣商品进行研究的过程中，自然而然地产生有关商品的功效以及他可能满足到自己需要的联想。联想是一种当前感知的事物引起的对与之有关的另一事物的思维的心理现象，消费者因兴趣商品而引起的联想能够使消费者更加深入地认识商品。

欲望阶段。当消费者对某种商品产生了联想之后，他就开始想需要这件商品了，但是这个时候会产生一种疑虑："这件商品的功效到底如何，还有没有比他更好的"。这种疑虑和愿望会对消费者产生微妙的影响，而使他虽然有很强烈的购买欲望，但却不会立即决定购买这种商品。

评估阶段。消费者形成关于商品的拥有概念以后，主要进行的是产品质量、功效、价格的评估，他会对同类商品进行比较，此时店员的意见至关重要。

信心阶段。消费者做了各种比较之后，可能决定购买，也可能失去购买信心，这是因为：

商品的包装陈列或推销员促销方法不当，使消费者觉得无论是怎样挑选也无法挑到满意的商品；

推销员专业知识不够，总是以"不知道""不清楚"回答顾客，使消费者对商品的质量、功效不能肯定；

消费者对卖方信誉缺乏信心，对售后服务没有信心。

行动阶段。当消费者决定购买，并对店员说"我要买这个"，同时付清货款，这种行为对推销员来说叫作成交。成交的关键在于能不能巧妙抓住消费者的购买时机，如果失去了这个时机，就会功亏一篑。

感受阶段。购后感受既是消费者本次购买的结果，也是下次购买的开始。如果消费者对本次结果满意，他就有可能进行下一次的购买。

凡勃伦效应：满足优越感，促生"炫耀性消费"

你能想到日常生活品中有哪种植物的价格会气死钻石吗？2两西湖龙井御茶，曾经拍卖了14.56万元，也就是每500克72.8万元，也就是每公斤145.6万元，这个天价远胜黄金、贵比钻石。

美国制度学派经济学家凡勃伦如果活着，听到这个消息的话一定会莞尔一笑。凡勃伦这老兄最早注意到存在于消费者身上的一种商品价格越高反而越愿意购买的消费倾向，于是有了"凡勃伦效应"之称。在凡勃伦效应中的消费目的，已不仅仅是为了获得直接的物质满足与享受了，而更大程度上是为了获得一种社会心理上的满足，甚至以期获得更广泛的社会广告效应。这种"炫耀性消费"，或者说是"炫耀性投入"，似乎越来越受有钱人的欢迎了，无论是个人消费者还是单位消费者，都喜欢乐滋滋地一头扎进去。

"凡勃伦效应"在经济学领域得到了广泛证实，同样是一种经济活动，在推销工作中我们也可以得到一些启示。

人人都有虚荣心，只是程度不同罢了，先看两个实例。

例一，某位保险推销员在和一位顾客进行沟通。

推销员：您每月的收入与花在其他方面的钱还不如抽一部分来为自己买一份保险。

顾客：是啊，我每月最大的支出就是衣服和化妆品，你看，这件刚买的上衣8000多元……

例二，在一家首饰商店里，一位顾客正在选戒指。

店员：您看看这款，价格还是比较实惠的。

顾客：哎哟，这哪行啊．我的项链2万多元呢，至少得和它相配才行吧……

有的顾客在与人交往时喜欢表现自己，突出自己，不喜欢听别人劝说，任性且嫉妒心较重。有很多时候推销员可以从顾客的表情和语言来判断出这类顾客，他们在与推销员沟通时会着重显示他们的高贵，即便有时在吹牛。

对待这类顾客要以熟悉并且感兴趣的话题，为他提供发表高见的机会，不要轻易反驳或打断其谈话。在整个推销过程中推销员不能表现太突出，不要给对方造成对他极力劝说的印象。如果在推销过程中你能使第三者开口附和你的顾客，那么你会在心情愉快的情况下做出令你满意的决策。对待这类顾客有以下几种办法：

1.赞美，甚至奉承

对待虚荣型顾客，即便你早已看出他在吹牛，也假装糊涂地附和一阵："你穿上它好漂亮啊！""它真适合您的气质呀！"甚至奉承他道："你真会买东西啊！"

像这种"谎言"，说上几箩筐也没关系，既给人家以快乐，又锻炼自己口才，何乐而不为呢？记住，一个善于包容他人缺点的人，总比别人多拥有成功的机会。

当然，"奉承"的时候千万不能说漏了嘴。比如说"某某公司，早就有了比你先进得多的产品了"之类易引起顾客的反感，相反，你可以这样说："某某公司花了3倍的价钱才买到"激发她的购买欲。

2.刺激

比如，故意对对方说："某某明星虽然年纪也有你这么大了，可还是那么漂亮。"此时如果对方立即变脸或面红耳赤，您的目的便已达到，应立即采取补救措施，迅速说出该明星的若干不是来，批评一通，对方肯定会做出非常愉快的表情。

然后，你便接着先赞美你的嫉妒心强的这位顾客，而且最好跟不特定的多数人做比较，数出他的"优点"，效果会更好。

我们所处的时代是强者辈出的时代，很多人都会感到自卑，感到和别人的差距，他需要得到别人的赞美才能够很自信地活下去。因此，满足客户的虚荣心也成为推销的重要内容。

推销员一定要让自己的客户有优越感。毕竟每个人都有虚荣心，而能让人虚荣心得到满足的最好方法就是让对方产生优越感。

虽然生活中不缺乏功成名就的成功人士，但是并不是每一个人都能功成名就，也并不是每一个功成名就的人都能使自己的优越感得到满足。在现实中，我们的大部分人都过着平凡的日子。每个

踮起脚尖的人

人在日常的生活中都要承受来自许多方面的压力，其结果往往处处受制于人。正是因为人们普遍是这种状态，所以绝大多数的人都想尝试一下优越于别人的滋味，因此也喜欢那些能满足自己优越感的人。对于推销员来说，客户的优越感一旦被满足，初次见面的警戒心就会自然消失，彼此的心理距离就会无形地拉近了，双方的交往就能向前迈进一大步。

在满足客户虚荣心方面，从事房地产的推销员表现得最为突出。这些推销员在正式上岗之前都要经过一系列的特殊业务培训，以期在与客户讨论住房时能够最大限度地表现出他的专业与真诚。他们会千方百计地取得客户的信任和认可，虽然他们的最终目的只是为了钱。在取得信任的过程中，各种方法无所不用其极。其中最主要的方法就是恭维客户，满足客户的虚荣心。在购房谈判中，推销员会努力迎合客户的心理，对客户一知半解甚至是全然不通的房地产知识大加赞誉，客户便在虚荣心的满足中，忽略对住房重要细节和问题的考察，而头脑一热签下了合同。只要和客户熟了，以后的事情都好办。正如一位专家所说，没有阳台的楼房他就建议客户说没阳台的可以尽可能地减少灰尘进屋，或者说这样的房间利用率大；朝向采光不好的房子他就说对面的视野比较开阔，或者以该朝向附近的绿地多为借口。总之他会让客户觉得他始终是在为客户着想。

但是需要注意的是，巧妙的阿谀奉承虽然能够满足一些人的优越感，但是拙劣的奉承往往会激怒客户。因此，奉承一定要选择较好的时机和选择恰当的人。一般来说，让人产生优越感最有效的方法是对于他自己感到骄傲的事情加以赞美。

此外，对于推销员来说，还必须保证他的赞美不能说得过多，说得过多很容易使客户产生厌倦，认为这个推销员不够牢靠诚实。对不同客户的赞美应该是不同的，而且最好别在同一场合对不同客户同时加以赞美，这样显得推销员的赞美分文不值。

光环效应：大家都喜欢知名度高的商品

"光环效应"又被称为"晕轮效应"，最突出的表现为人们对人、对事物的看法。比如说，如果认为某人具有某个突出优点，这个人就被积极肯定的光环所笼罩，并被赋予更多好感；如果认为某人具有某个突出缺点，这个人就被消极否定的光环所笼罩，甚至认为其他方面都不好。"爱屋及乌""情人眼里出西施"也是这一效应的突出体现。

更有一种现象是"光环效应"的突出体现。在现实生活中，我们往往看到很多的名人广告，歌星、影星、体育明星所做的一些宣传更容易被消费者所接受，这种名人效应也给推销工作带来了很多启示。顾客往往会相信一些知名度高的、信誉好的商品，这是顾客"求名心理"的突出体现。

求名心理是指相当多的客户在购买商品时，喜欢选择自己所熟悉的，而在熟悉的商品中，又特别喜欢购买名牌产品。名牌产品是企业经过长期苦心经营而为产品或企业获得的市场声誉。在客户眼中，名牌代表标准，代表高质量，代表较高的价格，也代表着客户的身份和社会地位。客户往往会为了追求产品的质量保证，或者为了弥补自己产品知识的不足而选购名牌产品。当然也有些客户购买名牌是为了炫耀阔绰或者显示自己与众不同的身份和地位，以求得到心理上的满足。不管客户购买动机如何，名牌产品成为众多客户的偏好是不争的事实。

购买名牌产品的客户通常是高收入者和赶时髦者。他们对产品品牌往往十分敏感，品牌形象一旦受损，他们就很可能自动放弃购买。求名心理最多表现在客户对服饰、轿车、烟酒等品牌的追求上。

求名心理在我国表现得尤为明显。有着光耀门楣和衣锦还乡传统的中国人在富裕以后的第一件事情就是确定自己的地位。改革开放20多年，我国消费群体发生了翻天覆地的变化，这些变化都导致了求名心理的产生，主要集中在：

一是年轻化。英雄出少年，这种说法在网络经济时代表现得尤为突出。很多成功人士都年纪较轻，即使是年长的成功人士也出于对子女的溺爱，将大笔财富交给子女处理。因此，青年一代的消费热情产生了众多的消费热点和时尚，成功人士的年轻化更是带动了消费主体的年轻化。

二是富裕化。我国居民生活水平迅速提高，在家庭收入中，食品支出的比重越来越小。产品消费中过去低价位的产品也开始转变为电脑、汽车、住房新三大件高价位产品。富裕的国人开始求名。

三是理想化。富裕的人们开始了个性化消费，他们对新鲜事物孜孜不倦地追求，讲究消费品位。

基于以上三点，我们不难看出消费者的求名心理日益重要起来，因此推销员在进行推销的过程中，针对具有上述特征的人士要采用求名策略。重点宣传其产品的知名度和美誉度，还可以强调该产品生产企业的规模和实力，这些都能促进客户购买。推销员进行推销的过程中，需要辅之以必要的广告宣传，比如推销员对产品进行介绍的同时，还可以引用一些名人的推荐或该产品在电视上的宣传。不过一般来说，如果该产品在电视展露程度比较高的话，就不会采用人员推销的方式来进行产品推广；相反正是一些展露程度很低的产品才十分依赖人员推销来打开市场。

在利用求名心理时要注意不能给客户造成价格相当便宜或者相当昂贵的印象。因为价格相当便宜，产品质量就值得怀疑；而价格相当昂贵，客户一般不会在推销员手中购买产品。价格适中是最好的选择。

麦吉尔定理：区别对待，量身定做才能打动人

"麦吉尔定理"的提出者是美国罗思莱尔德风险公司前总经理A.麦吉尔。他说："每一位顾客都用他自己的方式看待服务。"这也是麦吉尔定理的完全解释，更形象一点的说法是："有千只舌头，就有千种口味。"

对于不同的客户，应该采用不同的方法。推销员在进行推销的过程中，要仔细分析客户的类型，然后再采取有效的方法来和客户达成交易。一般来说，客户可以分为以下几大类：

一是拖延型客户。这类客户的特点是能拖则拖，直到万不得已的时候才做决定。这类客户也许有购买的意愿，但是不到有迫切需求的时候，是不会购买的。因此，推销员应该强调产品的重要性，唤起客户的购买意识，让他们自觉地意识到机不可失，时不再来。在针对这类客户所做的说服工作中一定要注意投其所好，要弄清楚

客户拖延的真正原因或者目的。

　　二是当机立断型客户。这类客户往往是遇到危急情况，实在没有多余的时间搜集和分析相关资料，只能立即做出决定。针对这类客户的要诀就在于，在平时和他们保持联系和良好的关系，以使他们在一产生产品需求时，便想到了本推销员，进而购买产品。吉尼斯世界纪录最高推销成就创造者乔·吉拉德就有这样一个习惯：他经常把名片送给陌生人。因为对于他来说，一张名片的成本相当低，但是对于客户来说，一张名片意味着在产生需求时，有一个可以满足需求的途径，所以他最后能够取得巨大的成功。

　　三是人情型客户。这类客户往往因为人情关系而购买产品，即使产品价格并不低。对于这类客户推销员所采用的最基本办法就是和他们保持良好的关系．最好的办法就是让客户欠你人情。比如，当客户有某种产品需求时，你告知他怎样做可以满足这种需求，或者即使客户不买你的产品，你仍然送给客户小礼物，表示感谢或者仅为了维持一种关系。这种做法在日本比较普遍。

　　四是主观型客户。这类客户的主观意识非常强，对产品往往有一定的了解，知道产品的质量或者价格等相关因素，也对推销员所推销的产品的竞争对手产品了解比较透彻。遇到这种客户，推销员千万不要自作主张，认为自己非常专业，对产品的了解远非客户所能比。对于这类主观型客户推销员只有先认同该客户的某些看法，然后恭维他，适机提出自己的见解，以求和客户达成共识。在这种情况下，千万不要和客户发生争执，这样对销售并没有什么好处。

　　五是比较型客户。这类客户对购买哪位推销员的产品常常表现得犹豫不决，虽然他们有产品的需求，有时候需求也十分急迫，但是他们仍然试图通过不断地搜集信息，来决定应该购买什么产品和向谁购买。针对这类客户应该准备好充分的资料，尤其是竞争对手的资料。在产品介绍的过程中，也不适宜一个劲地贬低竞争对手的产品，应该给予适度的褒扬，但是这种褒扬只局限于产品的次要方面。

六是流行型客户。这类客户为了不落人后，喜欢采购流行性商品。面对这类客户，推销员对产品的最好介绍办法就是证明该产品的人气相当旺。可以通过报纸报道和电视广告来佐证推销员的说法。针对这些客户，推销员还应该告知客户，现在已经有很多客户都在购买，这样往往会让客户产生"赶流行"的想法。

七是利益型客户。这类客户在购买产品时，往往考虑其产品的背后利益。他们所看重的是该产品能否满足自己的需求，能否有助于自己完成一个很特别的目标。针对这类客户，推销员所要做的说服工作是基础说服工作，要将产品的性能和质量进行详细介绍，而且在介绍的过程中，应该重点强调产品确实能够满足客户的需求。

八是疑心病型客户。这类客户之所以犹豫不决，是害怕承担做出决定后的后果。他们担心万一购买不当，会遭到别人的奚落或者责备。针对这类客户，推销员所要做的事情就是要向他们说明产品的基本功能，绝对能确保安全。一般来说，推销员要和此类客户建立友好的、稳定的和长远的关系。推销员一旦与这类客户形成了稳定的关系以后，产品销售就不成为问题了，因为这类客户往往对熟悉的推销员产生很强的依赖。

当面对客户时，推销员首先应该注意的是判断客户是什么类型的客户，然后才能针对客户采取相应的措施。

鼓掌效应：你尊重我，我就会回报你

有一位商人喜欢吃烤鸭，就高薪聘请了一位有名的烤鸭厨师。

有一天，商人奇怪地发现厨师端出来的烤鸭只有一条腿，一连几天都是如此，商人也不好意思问。

这天中午，商人发现鸭子又是只有一条腿，他实在忍不住了，就问厨师："这鸭子怎么只有一条腿，另外一条腿哪里去了？"

厨师回答说："老板，鸭子本来就只有一条腿啊。"

"胡说！"商人生气了。

"不信我带你去看。"厨师说。

于是商人就跟着厨师到后院。当时正值中午，天气很热，鸭子都在树下，缩着一条腿而以单腿站着休息。

"老板，你看鸭子不是都一条腿吗？"

商人实在很生气，就用力拍拍手，鸭子受惊了，就站起来逃了。

这时商人反问道："你看，鸭子不是有两条腿吗？"

厨师回答说："老板，你如果早点拍拍手，那么鸭子早就有两条腿了"。

不吝于赞美别人，把你的掌声和鼓励不失时机地送给那些喜欢它的人。他们受到激励后，也会更加努力地对你，你也将可以得到更多的回馈。

赞美客户有助于推销员和客户形成良好的关系，进而达成交易并保持良好的关系。赞美对于推销员来说是相当重要的，它是一件好事，但绝不是一件易事。赞美客户如果不审时度势，不掌握良好的赞美技巧，即使推销员出于真诚，也会将好事变成坏事。在赞美客户时，以下技巧是可以运用的：

1.因人而异

客户的素质有高低之分，年龄有长幼之别，因此要因人而异，突出个性，有所指的赞美比泛泛而谈的赞美更能收到较好的效果。年长的客户总希望人们能够回忆起其当年雄风，与其交谈时，推销员可以将其自豪的过去作为话题，以此来博得客户的好感。对于年轻的客户不妨适当地、夸张地赞扬他的开创精神和拼搏精神，并拿伟人的青年时代和他比较，证明其确实能够平步青云。对于商人，可以赞扬其生意兴隆，财源滚滚。对于知识分子可以赞扬其淡泊名利，知识渊博，等等。当然所有的赞扬都应该以事实为依据，千万不要虚夸。

2.详细具体

在和客户的交往中，发现客户有显著成绩的时候并不多见，因此推销员要善于发现客户哪怕是最微小的长处，并不失时机地予以赞美。一般来说，赞美语言越翔实具体，说明推销员对客户越了解，对客户的成绩越看重。让客户感觉到推销员真挚、亲切和可信，距离自然会越拉越近。试想，如果只是很含糊其辞地赞美客户，说客户很出色或者很优秀，就很难引起客户对推销员谈话内容的关注，有时候还会引起客户的猜疑，甚至产生不必要的误解。

3.情真意切

说话的根本在于真诚。虽然每一个人都喜欢听赞美的话，但是如果推销员的赞美并不是基于事实或者发自内心，就很难让客户相信推销员，甚至客户会认为推销员在讽刺他。比如一个其貌不扬的女士，推销员硬要夸她美若天仙，就很可能遭到客户的反感。一旦客户发现推销员说了违心的话，最可能的判断就是这个推销员是不可信的。因此赞美必须出于真诚，确实是客户有可以赞美的地方，才能给予适当的赞美。如果推销员实在找不到客户可以赞美的地方，赞美其所喜爱的事物和人，也不失为一种赞美对方的好方法，比如赞美客户的孩子聪明伶俐等。

4.合乎时宜

赞美客户要相机行事。开局赞美能拉近和客户的距离，尤其是客户刚刚受到挫折，推销员的赞美往往能够起到激励其斗志的作用。但是如果客户取得了一些成就，已经被赞美声包围并对赞美产生抵制情绪时，再加以赞美就容易被人认为有溜须拍马的嫌疑。赞美客户的时机选择是相当重要的，要选择恰当的时机向客户表示钦佩之情。

5.雪中送炭

在我们的生活中，受挫折的环境实在是太多。人们往往把赞美给予那些功成名就的胜利者。然而这种胜利者毕竟是极少数，很多人在平时处处受到打击，很难听到一句赞扬的话。推销员所需要面对的客户，很大程度上都是这类人。因此推销员对客户的赞美很可能对于客户来说就是雪中送炭。推销员适时地对客户进行赞美，往往能够让客户把推销员当作知心朋友来对待。在这种环境中，最容易达成交易。当然对于推销员来说，不要心里存在任何愧疚，认为是通过和客户拉关系来推销产品，只要推销员的赞美是出于真心诚意，这种方法就是可行的。

此外，赞美不一定都表现在言语上，通过目光、手势或者微笑都可以表达对客户的赞美之情。

示范效应：示范的效果胜过千言万语

有人做过一项调查，结果显示，假如能对视觉和听觉做同时诉求，其效果比仅只对听觉做诉求要大8倍。业务人员使用示范，就是用动作来取代言语，能使整个销售过程更生动，使整个销售工作变得更容易。

优秀的推销员明白，任何产品都可以拿来做示范。而且，在5分钟所能表演的内容，比在10分钟内所能说明的内容还多。无论销售的是债券、保险或教育，任何产品都有一套示范方法。他们把示范当成真正的销售工具。

示范为什么会具有这么好的效果呢？因为顾客喜欢看表演，并希望亲眼看到事情是怎么发生的。示范除了会引起大家的兴趣之外，还可以使你在销售的时候更具说服力。因为顾客既然亲眼看到，所谓"眼见为实"，脑子里也就会对你所推销的产品深信不疑。

平庸的推销员常常以为他的产品是无形的，所以就不能拿什么东西来示范。其实，无形的产品也能示范，虽然比有形产品要困难一些。对无形产品，你可以采用影片、挂图、图表、相片等视觉辅助用具，至少这些工具可以使业务人员在介绍产品的时候，不显得单调。

优秀的推销员一般都喜欢使用纸笔。他们都随身携带纸笔，知道如何画出图表、图样或是简单的图像来加强说明自己的论点。你还可以把你的产品的好处写下来，或者和别的产品的好处相对比，你说明的内容就会一目了然。

优秀的推销员是怎样使他们的示范发挥最大的效用的呢？

1.先把示范时所用的台词写下来。除了如何讲、如何表达之外，还有动作的配合，有些地方可能没有台词，只有动作，顾客顺便可以松口气。

2.要预先练习。把设计好的整个示范过程反复演练。请你的家人、同事或营业部经理来观看，提出意见。要一直演练到十分流畅和逼真，而且使观众觉得很自然为止。

3.要随时记住"给顾客带来的好处"。要以顾客为核心，让他明白你的产品究竟会带给他什么好处。

4.迎合顾客需求。示范的时候，要用你的产品去迎合顾客的需求，而不是要求顾客去顺应你的主张。

5.尽量让顾客参与示范。柯达公司常嘱咐自己的业务人员："要把相机递给顾客，好让他们自己亲自查看我们的产品。"

6.绝不咄咄逼人。在顾客开始厌倦之前就把产品拿开，这样可以增强顾客想要拥有这个产品的欲望。

7.寻求赞同。在展示说明的时候，要让顾客同意你所提到的每一项产品好处。

8.操作产品的时候，要表示出珍重爱护的态度。像鞋店的销售员拿鞋出来给顾客试穿之前，要把鞋子擦亮？珠宝商将展示的珠宝放在天鹅绒上面等。假如你的产品十分轻巧，拿的时候要稍微举高，并且慢慢旋转，好让顾客看得清楚。要不时对自己的产品表示赞赏，也让顾客有机会表示赞赏。

9.要在示范中尽量使用动作。别只是展示你的机器，要操作机器给对方看；别只是展示图表，要当场画给对方看。

10.尽可能让对方了解。如你的产品无法展示出来给大家看，可以打个比方或使他联想，使他能获得生动的理解。

也许你的商品很普通，但你如果能用示范动作将商品的使用价值栩栩如生地介绍给客户，也一定会引起其注意。

举个例子，当你向客户推销太阳伞的时候，你干巴巴地说上半天，倒不如轻松地将伞打开，扛在肩上，再旋转一下，充分地展示出伞的风采，会给客户留下很深的印象，从而对你的商品产生好感。

如果你能用新奇的示范动作来展示你很平常的商品，那么效果就会更好。例如，你在推销一种油污清洗剂，一般的示范方法，是用你推销的清洗剂把一块脏布洗净。然而如果一改常态，先把穿在你身上的衣服袖子弄脏，然后用你的清洗剂洗净，这样示范的效果当然同前者不大一样。

如果你所推销的商品具有特殊的性质，那么人的示范动作就应该一下子能把这种特殊性表达出来。例如，你在推销一种十分结实的钢化玻璃酒杯，你可以让酒杯互相碰击而不会破碎；同时，你再向客户说明这种酒杯特别适合野餐使用，他们便不会感到吃惊。

常言道：若要顾客对你推销的产品发生兴趣，就必须使他们清楚地意识到他们在接受你所推销的产品以后会得到好处。这一说法是相当富有哲理的，所以人们很容易接受。但在实际推销工作中，它又往往被人们所忽略。为了尽快引起顾客的兴趣，你可以在业务洽谈一开始就向顾客介绍你的产品到底有哪些具体优点，同时，还必须向顾客证明你的产品确实具有这些优点。

　　陈述某一事实与证实某一事实不能画等号。同样，重复你说过的话是一回事，用事实证实你说的话则是另外一回事。这两者之间不能画等号。做示范是向顾客证实所提供的产品确实具有某些优点的极好方法。熟练地示范你推销的产品能够吸引顾客的注意力，使他对产品直接产生兴趣。有时候你所推销的产品是不能随身携带的，在这种情况下，你可以借助产品的宣传、资料、数据和其他一些器具，向顾客宣传介绍你的产品。你应尽量少谈论产品而尽可能快地让顾客亲自检验产品的质量。让顾客亲眼看一看、亲手摸一摸，比其他任何一种方法都更具有说服力。

　　让顾客把千斤顶举起来，用力摔在坚硬的路面上，看他是否能把千斤顶摔坏。这种方法比任何口头宣传都更有说服力。如果你的涂料没有什么味道，那你就不必费口舌，而是让顾客亲自闻一闻，然后再让他闻一闻气味浓重的竞争产品。为了证明你的小型装置坚固耐用，可以让顾客用各种错误的方法进行操作，看他能否把小型装置损坏。在事实面前，顾客只能相信这种小型装置确实质量可靠。为了向顾客说明一辆小汽车加速器的性能特点，你可不必让顾客看那密密麻麻的数据，只须邀请他和你一起外出试车，并且让他拿着秒表，这就足以使他心服口服了。如果你想说服顾客安装空调设备，让他到两间不同的办公室走走，体验一下。其中一间安装了空调设备，室内空气清新，凉爽宜人，而另一间没有安装空调设备，室内空气混浊，大有令人窒息之感。

　　因此，示范是你向顾客提供的一种证据。在进行业务拜访的准备工作时，你可以经常这样问一问自己：我要向顾客示范些什么呢？只有对这个问题做出了正确回答，做示范的目的才能更明确，效果才会更好。